Grundwissen SchuldR AT

Hemmer/Wüst/d'Alquen

Hemmer/Wüst Verlagsgesellschaft

Hemmer/Wüst/d'Alquen, Grundwissen SchuldR AT

ISBN 978-3-86193-276-5

6. Auflage 2014

gedruckt auf chlorfrei gebleichtem Papier
von Schleunungdruck GmbH, Marktheidenfeld

Vorwort

Das vorliegende Skript ist für Studenten in den ersten Semestern gedacht. Gerade in dieser Phase ist es sinnvoll, bei der Wahl der Lernmaterialien den richtigen Weg einzuschlagen. Auch in den späteren Semestern sollte man in den grundsätzlichen Problemfeldern sicher sein. Die „essentials" sollte jeder kennen.

In diesem Theorieband wird Ihnen das notwendige Grundwissen vermittelt. Vor der Anwendung steht das Verstehen. Leicht verständlich und kurz werden die wichtigsten Rechtsinstitute vorgestellt und erklärt. So erhält man den notwendigen Überblick. Klausurtipps, Formulierungshilfen und methodische Anleitungen helfen Ihnen dabei, das erworbene Wissen in die Praxis umzusetzen.

Das Skript wird durch den jeweiligen Band unserer Reihe „die wichtigsten Fälle" ergänzt. So wird die Falllösung trainiert. Häufig sind Vorlesungen und Bücher zu abstrakt. Das Wissen wird häufig isoliert und ohne Zusammenhang vermittelt. Die Anwendung wird nicht erlernt. Nur ein Lernen am konkreten Fall führt sicher zum Erfolg. Daher empfehlen wir parallel zu diesem Skript gleich eine Einübung des Gelernten anhand der Fallsammlung. Auf diese Fälle wird jeweils verwiesen. So ergänzen sich deduktives (Theorieband) und induktives Lernen (Fallsammlung). Das Skript Grundwissen und die entsprechende Fallsammlung bilden so ein ideales Lernsystem und damit eine Einheit.

Profitieren Sie von der über 35-jährigen Erfahrung des Juristischen Repetitoriums hemmer im Umgang mit juristischen Prüfungen. Unser Beruf ist es, alle klausurrelevanten Inhalte zusammen zu tragen und verständlich aufzubereiten. Die typischen Prüfungsinhalte wiederholen sich. Wir vermitteln Ihnen das, worauf es in der Prüfung ankommt – verständlich – knapp – präzise. Erfahrene Repetitoren schreiben für Sie die Skripten. Das know-how der Repetitoren hinsichtlich Inhalt, Aufbereitung und Vermittlung von juristischem Wissen fließt in sämtliche Skripten des Verlages ein. Lernen Sie mit den Profis!

Sie werden feststellen: Jura von Anfang an richtig gelernt, reduziert den Arbeitsaufwand und macht damit letztlich mehr Spaß.

Wir hoffen, Ihnen den Einstieg in das juristische Denken mit dem vorliegenden Skript zu erleichtern und würden uns freuen, Sie auf Ihrem Weg zu Ihrem Staatsexamen auch weiterhin begleiten zu dürfen.

Karl-Edmund Hemmer & Achim Wüst

Inhaltsverzeichnis: Die Zahlen beziehen sich auf die Seiten des Skripts.

§ 1 Einleitung

A. Ziel dieses Skriptums

Das vorliegende Skriptum soll dem Anfänger einen Einstieg in die abstrakte Materie des Schuldrechts ermöglichen und die theoretischen Grundlagen für dieses wichtige Rechtsgebiet legen. *1*

Arbeiten Sie von Anfang an mit dem richtigen Lernmaterial, das auf die examenstypische Sprache und die examenstypischen Problemkreise achtet. So sparen Sie Zeit, weil Ihnen die Arbeit des Ausscheidens von Unwichtigem schon abgenommen wurde. Mit dem richtigen Lernmaterial stellen sich der Lernerfolg und aufgrund der Fallbezogenheit auch der Klausurerfolg schneller und mit weniger Zeitaufwand ein.

B. Systematische Einordnung des Allgemeinen Schuldrechts

Das BGB ist in fünf Bücher aufgeteilt: Allgemeiner Teil, Schuldrecht, Sachenrecht, Familienrecht und Erbrecht. *2*

Die Regelungen des Schuldrechts finden sich im zweiten Buch des BGB in den §§ 241 bis 853 BGB.

Gegenstand dieses Skriptums ist nur der allgemeine Teil des Schuldrechts, also die §§ 241 bis 432 BGB.

Getreu dem System des BGB sind im allgemeinen Teil des Schuldrechts die Grundsätze geregelt, quasi vor die Klammer gezogen, die für alle besonderen Schuldverhältnisse gelten, sei es nun Kauf, ungerechtfertigte Bereicherung oder unerlaubte Handlung.

hemmer-Methode: Die im allgemeinen Teil des Schuldrechts getroffenen Regelungen gelten aber nicht nur für die im BGB, sondern auch für die in Sondergesetzen wie dem HGB geregelten Schuldverhältnisse.

Beachten Sie aber, dass Spezialregelungen den allgemeinen Regeln vorgehen.

hemmer-Methode: lex specialis derogat legi generali.

§ 2 Grundbegriffe

A. Schuldverhältnis im engeren Sinn (i.e.S.)

Ein Schuldverhältnis i.e.S. ist eine rechtliche Sonderverbindung von (mindestens) zwei Personen, kraft derer die eine, der Gläubiger, von der anderen, dem Schuldner, eine Leistung fordern kann. 3

Mithin ist ein Schuldverhältnis i.e.S. identisch mit dem Begriff der Forderung.

Entscheidend an dieser Definition sind zwei Kriterien: Zum einen muss es sich um eine rechtliche und eben nicht nur um eine rein tatsächliche Verbindung handeln.

Zum anderen muss eine Sonderverbindung vorliegen, d.h. es muss eine Beziehung zwischen den Parteien vorliegen, die über für alle geltende Ge- und Verbote hinausgeht.

> *Schuldverhältnisse i.e.S. sind daher z.B. der Anspruch des Verkäufers gegen den Käufer auf Kaufpreiszahlung gemäß § 433 II BGB oder der Anspruch des Mieters gegen den Vermieter auf Gebrauchsüberlassung der Mietsache gemäß § 535 I S.1 BGB.*

Das Schuldverhältnis kann durch Vertrag, einseitiges Rechtsgeschäft oder Gesetz entstehen.

Beispiele für ein Schuldverhältnis durch Vertrag sind z.B. Kauf-, Werk-, oder Mietvertrag. Ein Schuldverhältnis, das durch einseitiges Rechtsgeschäft entsteht, ist z.B. die Auslobung nach § 657 BGB oder die Gewinnzusage nach § 661a BGB. Gesetzliche Schuldverhältnisse sind z.B. GoA nach §§ 677 ff. BGB, ungerechtfertigte Bereicherung nach §§ 812 ff. BGB und unerlaubte Handlung nach §§ 823 ff. BGB.

Bei der gesetzlichen Begründung entsteht das Schuldverhältnis allein durch die Verwirklichung des gesetzlichen Tatbestandes unabhängig vom Willen der Parteien, während bei vertraglicher Begründung die Rechtsfolgen eintreten, weil sie von den Parteien gewollt sind.

Die Verwendung des Begriffs Schuldverhältnis im BGB ist uneinheitlich. Zum Beispiel in §§ 362, 364, 397 BGB wird der Begriff Schuldverhältnis in dem Sinne eines Schuldverhältnisses i.e.S. gebraucht.

B. Schuldverhältnis im weiteren Sinn (i.w.S.)

Ein Schuldverhältnis i.w.S. ist die Gesamtheit von Rechten und Pflichten zwischen Gläubiger und Schuldner, also das Rechtsverhältnis als Gesamtgebilde mit allen Leistungsbeziehungen. 4

Schuldverhältnisse i.w.S. sind daher alle Verträge als Ganzes, so z.B. der Kaufvertrag, der Mietvertrag, der Werkvertrag usw.

In diesem Sinn wird der Begriff Schuldverhältnis in den §§ 273 I, 292 I, 425 BGB und in den Überschriften vor §§ 241 und 433 BGB gebraucht.

C. Anspruch

Der Begriff „Anspruch" ist in **§ 194 I BGB** legaldefiniert. Danach ist ein Anspruch das Recht, von einem anderen ein Tun oder Unterlassen zu verlangen, wobei ein Tun jede denkbare Handlung, ein Unterlassen jedes denkbare Nichthandeln ist, insbesondere auch das Dulden. 5

hemmer-Methode: Eine Legaldefinition ist regelmäßig daran zu erkennen, dass im Gesetz eine Begriffserklärung vorangestellt wird, worauf in Klammern der erklärte Begriff folgt. Ein weiteres Beispiel für eine solche Legaldefinition ist der Begriff „unverzüglich" in § 121 I S.1 BGB.

„Anspruch" ist dabei ein Oberbegriff, da Grundlage eines Anspruchs ein Rechtsverhältnis des Schuldrechts, des Sachenrechts, des Familienrechts oder des Erbrechts sein kann.

Zur Wiederholung: Schuldverhältnis i.e.S. oder Forderung ist der schuldrechtliche Anspruch des Gläubigers gegen den Schuldner auf eine Leistung.
Diese Begriffe werden auch in dem Skript Hemmer/Wüst, Die 55 wichtigsten Fälle Schuldrecht AT in Fall 1 besprochen.

D. Verschulden

Verschulden ist im BGB nicht definiert. Verschulden ist das objektiv rechtswidrige und subjektiv vorwerfbare Verhalten einer Person, die zurechnungsfähig ist. 6

Im Regelfall (so z.B. auch in § 823 I BGB) liegt **Verschulden** vor, wenn der Schuldner **vorsätzlich oder fahrlässig** gehandelt hat. Dabei genügt grundsätzlich auch leichte Fahrlässigkeit, es sei denn, etwas anderes wurde vereinbart oder es gilt eine gesetzliche Privilegierung wie z.B. § 300 I BGB oder § 521 BGB.

Zu unterscheiden davon ist der Begriff des **Vertretenmüssens**, der weiter ist als der Begriff des Verschuldens. So spricht § 280 I S.2 BGB von „zu vertreten hat". Was der Schuldner zu vertreten hat, regelt § 276 I S.1 BGB.

Danach hat der Schuldner Vorsatz und Fahrlässigkeit zu vertreten, „wenn nicht eine strengere Haftung bestimmt noch aus dem sonstigen Inhalt des Schuldverhältnisses...zu entnehmen ist". Das bedeutet, dass bei Vorliegen von Vorsatz oder Fahrlässigkeit regelmäßig auch Vertretenmüssen vorliegt, sich aus dem Schuldverhältnis, d.h. aus der ausdrücklichen oder schlüssigen Vereinbarung, z.B. ein Einstehen ohne jegliche Form von Verschulden ergeben kann.

hemmer-Methode: Arbeiten Sie streng am Gesetzeswortlaut. § 280 I S.2 BGB spricht von „zu vertreten hat". Wenn Sie hier von Verschulden sprechen und es liegt z.B. Fahrlässigkeit vor, wird das regelmäßig zwar zum richtigen Ergebnis führen. Entscheidend ist aber der richtige, logisch nachvollziehbare Weg dorthin. Auch die richtige Verwendung der juristischen Fachsprache wird in Klausuren und Hausarbeiten von Ihnen verlangt. Gewöhnen Sie sich deshalb frühzeitig an, die juristische Terminologie richtig zu verwenden.

E. Erfüllungsgehilfe

In der heutigen arbeitsteiligen Welt treten auch andere Personen für den Schuldner auf. Wenn diese Personen nun schuldhaft handeln, muss es auch eine Zurechnung dieses Verschuldens geben. Andernfalls wäre derjenige, für den andere tätig werden, zu Unrecht privilegiert. Daher gibt es **§ 278 S.1 BGB**, der eine **Zurechnungsnorm hinsichtlich fremden Verschuldens** darstellt. Nach § 278 S.1 Alt.2 BGB hat der Schuldner ein Verschulden seines Erfüllungsgehilfen genauso zu vertreten wie eigenes Verschulden. Ein **Erfüllungsgehilfe ist, wer mit Wissen und Wollen des Schuldners in dessen Pflichtenkreis tätig wird**. 7

Aus dem Wortlaut des § 278 S.1 BGB („der Schuldner" und „seiner Verbindlichkeit") ergibt sich, dass **bereits zum Zeitpunkt des Tätigwerdens** des Erfüllungsgehilfen eine **Sonderverbindung zwischen Schuldner und Gläubiger** bestehen muss. Wenn erst durch eine Handlung des vermeintlichen Erfüllungsgehilfen eine Sonderverbindung entsteht (z.B. bei einer unerlaubten Handlung nach §§ 823 ff. BGB), ist § 278 BGB nicht anwendbar. Damit das Verschulden des Erfüllungsgehilfen dem Schuldner zurechenbar ist, muss die schuldhafte Handlung des Erfüllungsgehilfen **im sachlichen Zusammenhang mit der übertragenen Aufgabe** erfolgt sein und **nicht nur bei Gelegenheit**.

Zu unterscheiden ist der Erfüllungsgehilfe vom Verrichtungsgehilfen.

Der Begriff des Verrichtungsgehilfen wird im Rahmen des § 831 BGB relevant. Beachten Sie, dass § 831 BGB eine Anspruchsnorm ist (§ 278 BGB ist dagegen eine reine Zurechnungsnorm).

In § 831 BGB geht es um vermutetes eigenes Verschulden des Geschäftsherrn, während bei § 278 BGB fremdes Verschulden zugerechnet wird.

Ein Verrichtungsgehilfe i.S.d. § 831 I BGB ist, wer mit Wissen und Wollen des Geschäftsherrn in dessen Interesse tätig wird und dabei dessen Weisungen unterworfen ist. Wesentlich dabei ist die Weisungsgebundenheit. Hingegen kommt es auf eine soziale Abhängigkeit nicht an. Begeht der Verrichtungsgehilfe in Ausführung der Verrichtung und nicht nur bei Gelegenheit eine tatbestandsmäßige und rechtswidrige unerlaubte Handlung i.S.d. §§ 823 ff. BGB, dann haftet der Geschäftsherr nach § 831 I S.1 BGB auf Schadensersatz, es sei denn, der Geschäftsherr kann sich gemäß § 831 I S.2 BGB entschuldigen (exkulpieren).

Die Haftung bei Pflichtverletzungen von Erfüllungs- und Verrichtungsgehilfen wird in Hemmer/Wüst, Die 55 wichtigsten Fälle Schuldrecht AT, Fall 5 behandelt.

§ 3 Grundprinzipien

Im Folgenden werden die Grundprinzipien des Schuldrechts dargestellt, insbesondere in Abgrenzung zu den Grundprinzipien des Sachenrechts. 8

Greifen Sie in der Falllösung auf diese Prinzipien zurück, wenn schwierige Probleme zu lösen sind, bei denen das Gesetz allein nicht weiterhilft. Mit dem Rekurrieren auf diese Prinzipien zeigen Sie Verständnis für die Materie und liegen auf der sicheren, systematischen Seite.

A. Relativität

Relativität bedeutet, dass das Schuldverhältnis grundsätzlich nur die an ihm Beteiligten berechtigt und verpflichtet. 9

hemmer-Methode: Das Schuldverhältnis wirkt also grundsätzlich nur zwischen den Parteien, „inter partes".

Das gegenläufige Prinzip heißt Absolutheit. So genannte absolute Rechte oder Herrschaftsrechte gelten gegenüber jedermann.

Haupterscheinungsform des absoluten Rechts ist das dingliche Recht. Das dingliche Recht ist das Recht einer Person zur unmittelbaren Herrschaft über eine Sache. Paradebeispiel dafür ist das Eigentumsrecht, welches grundsätzlich unbeschränkt ist, § 903 BGB.

Zu der Relativität der Schuldverhältnisse und dem Absolutheitsprinzip vgl. Sie Hemmer/Wüst, Die 55 wichtigsten Fälle Schuldrecht AT, Fall 2.

B. Vertragsfreiheit als Teil der Privatautonomie

Die Vertragsfreiheit berechtigt dazu, im Rahmen der Rechtsordnung seine Lebensverhältnisse eigenverantwortlich zu gestalten. Neben der im Erbrecht geltenden Testierfreiheit ist die Vertragsfreiheit Hauptinhalt der im Kern durch Art. 1, 2 GG geschützten Privatautonomie. 10

Das bedeutet, dass die Vertragsparteien – in den Grenzen von §§ 134, 138 BGB – Abreden treffen können.

Dabei müssen sie sich insbesondere nicht an die gesetzlich geregelten Vertragstypen halten, sondern können auch atypische bzw. nicht vertypte Verträge schließen, § 311 I BGB.

hemmer-Methode: Als atypische Verträge bezeichnet man solche, die nicht dem gesetzlichen Leitbild des jeweiligen Vertrags des BGB entsprechen, insofern also nicht „typisch“ sind. Z.B. ist der Finanzierungsleasingvertrag ein atypischer Mietvertrag, weil bei diesem – anders als beim Mietvertrag des BGB – der Leasinggeber (=Vermieter) nicht für die Gebrauchstauglichkeit der überlassenen Sache einstehen muss. Denn die Mängelhaftung wird bei diesen Verträgen regelmäßig ausgeschlossen.

Gegensatz zur Vertragsfreiheit des Schuldrechts ist der Typenzwang oder numerus clausus im Sachenrecht. Typenzwang bedeutet, dass sachenrechtliche Rechtsänderungen nur in den gesetzlich vorgesehenen Formen erfolgen dürfen.

C. Formfreiheit

Formfreiheit bedeutet, dass schuldrechtliche Verträge keiner 11
bestimmten Form bedürfen, es sei denn, das Gesetz schreibt eine bestimmte Form ausdrücklich vor.

hemmer-Methode: Als wichtigste Ausnahme können Sie sich bereits jetzt § 311b I S.1 BGB einprägen. Danach bedarf ein Vertrag, der einen Teil zur Übertragung oder zum Erwerb des Eigentums an einem Grundstück verpflichtet, der notariellen Beurkundung nach § 128 BGB.

Der Gegenbegriff zur schuldrechtlichen Formfreiheit ist die Publizität im Sachenrecht. Danach muss eine Rechtsänderung nach außen erkennbar werden (z.B. durch Übergabe oder eines der Übergabesurrogate nach §§ 929 ff. BGB).

D. Bestimmbarkeit

Bestimmbarkeit bezieht sich auf den Zeitpunkt des Vertrags- 12
abschlusses. Anders als im Sachenrecht, wo der Bestimmtheitsgrundsatz gilt, genügt es im Schuldrecht, wenn der Vertragsinhalt zur Zeit des Vertragsschlusses bestimmbar ist.

hemmer-Methode: Im Sachenrecht gilt noch ein weiteres Prinzip, das im Schuldrecht kein Pendant hat, nämlich das Abstraktionsprinzip, d.h. die Unabhängigkeit von Verpflichtungs- und Verfügungsgeschäft.

§ 4 Unmöglichkeit

Unmöglichkeit ist die dauerhafte Nichterbringbarkeit des Leistungserfolgs durch eine Leistungshandlung des Schuldners. 13

hemmer-Methode: Dies ist eine Standarddefinition, die Sie kennen müssen. Fehler in solch grundlegenden Bereichen werden in Klausuren und im Examen bestraft.
Dazu Hemmer/Wüst, Die 55 wichtigsten Fälle Schuldrecht AT, Fälle 13 bis 20.

A. Allgemeines

I. Prüfungsort des § 275 BGB

Eine Prüfung der Unmöglichkeit nach § 275 BGB kann in einer Falllösung an verschiedenen Stellen auftauchen. 14

⇨ § 275 I BGB ist eine rechtsvernichtende Einwendung bezogen auf einen Primäranspruch, § 275 II, III BGB sind rechtsvernichtende Einreden In dieser Funktion ist § 275 BGB also als Prüfungspunkt „Anspruch erloschen“ zu prüfen.

hemmer-Methode: Der Primäranspruch ist der ursprüngliche Erfüllungsanspruch. Demgegenüber ist der Sekundäranspruch der Anspruch, der an die Stelle der gestörten Primärleistung tritt. Folglich sind Sekundäransprüche auch immer erst zu prüfen, wenn festgestellt wurde, dass im Rahmen des Primäranspruchs eine Störung eingetreten ist.

⇨ Unmöglichkeit nach § 275 BGB ist eine Tatbestandsvoraussetzung der Schadensersatzansprüche nach §§ 280 I, III, 283 BGB bzw. § 311a II BGB.

⇨ Unmöglichkeit nach § 275 BGB ist eine Tatbestandsvoraussetzung für das Erlöschen des Anspruchs auf die Gegenleistung nach § 326 I S.1 Hs.1 BGB.

II. Unmöglichkeit der Leistung, nicht der Gegenleistung

In § 275 BGB ist einzig und ausschließlich die Unmöglichkeit der Leistung geregelt. Leistung meint dabei den Anspruch, dessen Erfüllung unmöglich geworden ist. 15

Demgegenüber ist die Gegenleistung die Leistung, die der unmöglich gewordenen Leistung gegenübersteht, im Regelfall der typischen Vertragstypen des BGB die vereinbarte Entgeltzahlungspflicht (so z.B. die Pflicht zur Kaufpreiszahlung im Kaufvertrag nach § 433 II BGB, die Pflicht zur Mietzahlung im Mietvertrag nach § 535 II BGB, die Pflicht zur Zahlung der vereinbarten Vergütung im Werkvertrag nach § 631 I Hs. 2 BGB).

hemmer-Methode: Machen Sie sich immer klar, ob Sie gerade ein Erlöschen des Anspruchs auf die Leistung prüfen → dann § 275 BGB oder ein Erlöschen des Anspruchs auf die Gegenleistung → dann § 326 I S.1 BGB.

III. Zeitpunkt der Unmöglichkeit

Die Unmöglichkeit tritt zu dem Zeitpunkt ein, in dem das 16
Leistungshindernis eintritt.

Zu beachten ist jedoch immer, dass zur Zeit des Eintritts des Leistungshindernisses noch ein Leistungsanspruch bestehen muss. Ist der Anspruch zuvor bereits erloschen, z.B. durch Erfüllung gem. § 362 II BGB oder durch Aufrechnung gem. § 389 BGB, kann keine Unmöglichkeit mehr eintreten, da dann kein Leistungsanspruch mehr besteht, der unmöglich werden könnte.

IV. Gattungsschuld oder Stückschuld?

Ob eine Leistung unmöglich ist oder nicht, hängt wesentlich 17
von der Art der Schuld ab. Schuldet z.B. der Verkäufer Übergabe und Übereignung einer einzigartigen antiken Porzellanfigur und geht diese unter, so ist die Leistung unmöglich, da der Leistungserfolg nicht mehr erbracht werden kann.

Schuldet jedoch der Verkäufer z.B. die Lieferung irgendeines fabrikneuen Autos eines bestimmten Fabrikats mit bestimmter Farbe, so bedeutet der Untergang eines dieser Autos noch nicht zwingend Unmöglichkeit, da mehrere solcher Autos hergestellt werden.

Das Gesetz unterscheidet in derartigen Fällen zwischen Stück- und Gattungsschuld.

Eine Gattungsschuld liegt vor, wenn der Schuldner einen nur nach generalisierenden Merkmalen bestimmten Leistungsgegenstand zu erbringen hat. 18

Bei der Gattungsschuld existieren also mehrere erfüllungstaugliche Gegenstände.

Auch wenn einzelne Gattungsgegenstände untergehen, bleibt die Erfüllung des Leistungserfolgs durch den Schuldner möglich.

Demgegenüber liegt eine Stückschuld vor, wenn der Schuldner einen ganz bestimmten, konkreten, nach individualisierten Merkmalen bestimmten Gegenstand schuldet.

Aber auch bei der Gattungsschuld kann es zur Unmöglichkeit kommen. Zum einen dann, wenn kein erfüllungstauglicher Gegenstand mehr vorhanden ist, also die gesamte Gattung untergegangen ist. Dies gilt auch bei dem Unterfall der Gattungsschuld, der sog. Vorratsschuld (eine Gattungsschuld, die auf einen Teil der Gattung beschränkt ist). Dabei muss der Schuldner aus dem jeweiligen Vorrat leisten. Geht dieser Vorrat unter, erlischt die Leistungspflicht des Schuldners nach § 275 I BGB. Ob eine Vorratsschuld vereinbart wurde, ist durch Auslegung zu ermitteln.

Zum anderen, wenn der Untergang der Sache nach Konkretisierung eintritt.

V. Konkretisierung

Hat der Schuldner das seinerseits Erforderliche getan, wird die Gattungsschuld nach § 243 II BGB zur Stückschuld. Dieser Vorgang wird Konkretisierung genannt. 19

Geht *danach* die zur Leistung bestimmte Sache unter, erlischt die Pflicht des Schuldners nach § 275 I BGB. Denn **mit der Konkretisierung beschränkt sich die Leistungspflicht auf den vom Schuldner ausgewählten Gegenstand**; mit dessen Untergang tritt folglich Unmöglichkeit ein. Man spricht dann davon, dass die Leistungsgefahr auf den Gläubiger übergeht. Aus der Gattungsschuld wird eine Stückschuld.

Nach § 243 I BGB muss der Gegenstand, mit dem der Schuldner konkretisieren will, aber mittlerer Art und Güte sein.

Wählt der Schuldner also einen Gegenstand aus, der unterdurchschnittlich schlecht ist, scheidet § 243 II BGB aus. Die Gattungsschuld bleibt dann eine Gattungsschuld.

Wann der Schuldner das „seinerseits Erforderliche" i.S.d. § 243 II BGB getan hat, richtet sich nach der Art der Schuld, ob also Hol-, Schick-, oder Bringschuld vorliegt.

1. Holschuld

Bei der Holschuld muss der Gläubiger die Ware abholen. Ort der Leistungshandlung (sog. Leistungsort, in § 447 I BGB auch missverständlicherweise „Erfüllungsort" genannt) sowie Ort des Leistungserfolges (sog. Erfolgsort) ist der Wohnsitz des Schuldners. 20

hemmer-Methode: Der Ort der Leistungshandlung oder Leistungsort ist der Ort, an dem die Leistungshandlung vorgenommen werden muss. Der Ort des Leistungserfolgs oder Erfolgsort ist der Ort, an dem der Leistungserfolg eintritt.
Das Hauptunterscheidungskriterium zwischen Hol-, Bring- und Schickschuld ist die Lage von Leistungs- und Erfolgsort.

Die Holschuld ist der gesetzliche Regelfall, § 269 I BGB.

hemmer-Methode: Merken Sie sich schon an dieser Stelle: Nach h.M. wird § 269 BGB auch zur Bestimmung des Leistungsortes bei der Verpflichtung zur Nacherfüllung i.S.d. § 439 I BGB herangezogen.

Hierbei sind jedoch die Parteivereinbarungen vorrangig. Auch der konkrete Vertragsgegenstand kann bei der Einordnung der Art der Schuld eine Rolle spielen.

So liegt zum Beispiel bei dem Möbelkauf im Abholmarkt regelmäßig eine Holschuld vor, weil hier der Käufer das Möbelstück an der gewerblichen Niederlassung des Verkäufers selbst abholen muss.

Auch beim Kauf von Benzin an der Tankstelle liegt – hier aufgrund des Vertragsgegenstands – regelmäßig eine Holschuld vor, da der Käufer an der Tankstelle des Verkäufers das Benzin zapfen, also abholen muss.

Bei der Holschuld tritt Konkretisierung nach § 243 II BGB ein, wenn der Schuldner eine Sache mittlerer Art und Güte ausgewählt und dem Gläubiger zumindest mündlich angeboten hat. Wurde ein fester Abholtermin vereinbart, ist die Mitteilung an den Gläubiger entbehrlich, vgl. auch §§ 295, 296 BGB.

2. Schickschuld

Bei der Schickschuld ist der Schuldner zum Versenden der Ware verpflichtet. Leistungsort ist der Wohnsitz des Schuldners. Erfolgsort ist der Wohnsitz des Gläubigers. 21

Konkretisierung tritt ein, sobald der Schuldner die Sache mittlerer Art und Güte an die (geeignete!) Transportperson übergeben hat (z.B. Aufgabe eines Paketes bei der Post).

Typisches Beispiel für eine Schickschuld ist der Versendungskauf. Ein solcher Versendungskauf liegt z.B. vor bei der Bestellung von Waren beim Versandkaufhaus. Für die Frage, was bei der Zerstörung der Sache nach Konkretisierung mit dem Anspruch auf die Gegenleistung (!) passiert, findet sich in § 447 BGB eine Regelung (welche beim Verbrauchsgüterkauf wegen § 474 II S.2 BGB aber nicht gilt).

3. Bringschuld

Bei der Bringschuld ist der Wohnsitz des Gläubigers sowohl Leistungs- als auch Erfolgsort. 22

Konkretisierung tritt ein, wenn der Schuldner die Sache mittlerer Art und Güte am Wohnsitz des Gläubigers in Annahmeverzug begründender Weise **tatsächlich** angeboten hat.

Voraussetzung ist also, dass der Gläubiger durch das Leistungsangebot bei Nichtannahme in Annahmeverzug i.S.d. §§ 293 ff. BGB geriete; ferner muss ein tatsächliches Angebot vorliegen, die Erleichterungen der §§ 295 f. BGB gelten nicht.

Beispiele für eine Bringschuld sind – hier wegen der Art des Leistungsgegenstandes – Kaufverträge über die Anlieferung von Heizöl oder Kohle. Hier hat also der Verkäufer das seinerseits Erforderliche erst getan, wenn er das Heizöl bzw. die Kohle am Haus des Käufers angeboten hat.

4. Ermittlung der Art der Schuld

Ob eine Hol-, Schick- oder Bringschuld vorliegt, bestimmt sich nach der Vereinbarung der Parteien. Nur wenn eine solche auch durch Auslegung nach §§ 133, 157 BGB nicht zu ermitteln ist, ist die Auslegungsregel des § 269 I BGB einschlägig. Dann liegt nach dieser Regel eine Holschuld vor. 23

hemmer-Methode: Der Vorrang von Vereinbarung und Auslegung vor der Auslegungsregel des § 269 I BGB ergibt sich hier aus dem klaren Wortlaut der Norm. Aber auch sonst gilt, nach dem o.g. Grundsatz des Schuldrechts, der Vertragsfreiheit, dass Vereinbarungen den gesetzlichen Regeln grundsätzlich vorgehen, es sei denn, die Regeln sind zwingendes Recht, also durch Vereinbarungen nicht abdingbar. Ob dies wiederum der Fall ist, richtet sich nach dem Wortlaut, andernfalls nach Sinn und Zweck der Norm.

VI. Übergang der Leistungsgefahr bei Annahmeverzug, § 300 II BGB

Neben der Konkretisierung nach § 243 II BGB geht auch im Fall des Annahmeverzugs des Gläubigers nach §§ 293 ff. BGB die Gefahr des zufälligen Untergangs der Sache (= Leistungsgefahr) auf den Gläubiger über. 24

Das bedeutet, dass auch in den Fällen, in denen sich der Gläubiger im Annahmeverzug nach §§ 293 ff. BGB befindet und dann die Sache untergeht, bei einer Gattungsschuld Unmöglichkeit nach § 275 I BGB eintritt.

Im Regelfall ist dann allerdings bereits Konkretisierung nach § 243 II BGB eingetreten. Verbleibender Anwendungsbereich des § 300 II BGB ist zum einen, wenn bei einer Bringschuld ein tatsächliches Angebot nach § 295 BGB oder § 296 BGB entbehrlich ist, da das „seinerseits Erforderliche" i.S.d. § 243 II BGB stets ein tatsächliches Angebot erfordert, s.o.

Ein weiterer Anwendungsbereich des § 300 II BGB ist die Geldschuld. Bei der Geldschuld ist § 243 II BGB nicht anwendbar, da Geldzeichen mittlerer Art und Güte i.S.d. § 243 II BGB nicht vorstellbar sind. Somit kann bei Geldschulden ein Übergang der Leistungsgefahr nicht nach § 243 II BGB, wohl aber nach § 300 II BGB eintreten.

hemmer-Methode: Beachten Sie nochmals, dass § 275 BGB nicht auf den Anspruch auf die Gegenleistung anzuwenden ist. Damit betrifft der o.g. Fall des Übergangs der Leistungsgefahr bei Geldschulden den Fall, bei dem die Geldschuld Leistungspflicht ist (nicht Gegenleistungspflicht, dort richtet sich das Erlöschen nach § 326 BGB). Beispiel ist der Gelddarlehensvertrag nach §§ 488 ff. BGB, bei dem die Zinszahlung im Synallagma mit der Verschaffung des Darlehens steht.

B. Unmöglichkeit nach § 275 BGB

Die Unmöglichkeit ist gesetzlich in § 275 BGB geregelt. Innerhalb des § 275 BGB ist zwischen dessen drei Absätzen zu unterscheiden. 25

I. Unmöglichkeit nach § 275 I BGB

§ 275 I BGB erfasst die Fälle der wirklichen (tatsächlichen) Unmöglichkeit. § 275 I BGB greift vor allem dann ein, wenn die Leistung schon aus naturgesetzlichen Gründen nicht erbracht werden kann, aber auch dann, wenn die Erfüllung an Rechtsgründen scheitert. 26

§ 275 I BGB erfasst alle Formen der Unmöglichkeit, d.h. anfängliche und nachträgliche, objektive und subjektive, zu vertretende und nicht zu vertretende sowie teilweise und vollständige Unmöglichkeit.

Um einen Fall objektiver Unmöglichkeit handelt es sich, wenn der geschuldete Leistungserfolg von niemandem erbracht werden kann (§ 275 I BGB: für *jedermann* unmöglich).

> ***Beispiel für objektive Unmöglichkeit:*** *Der zu übereignende gebrauchte Pkw wird vor der Übergabe durch Blitzschlag völlig zerstört. Dadurch wurde die Pflicht aus § 433 I S.1 BGB unmöglich i.S.d. § 275 I BGB.*

Von subjektiver Unmöglichkeit oder Unvermögen spricht man demgegenüber, wenn die Herbeiführung des Leistungserfolgs für den Schuldner unmöglich ist, für mindestens einen Dritten jedoch nicht.

> ***Beispiel für subjektive Unmöglichkeit:*** *V hat mit K einen Kaufvertrag über seinen Gebrauchtwagen geschlossen, übereignet und übergibt den Wagen jedoch an D. Dadurch hat V sein Eigentum am Wagen verloren und kann folglich nicht mehr an K übereignen und übergeben. Die Pflicht des V nach § 433 I S.1 BGB ist daher unmöglich i.S.d. § 275 I BGB.*

Die Unterscheidung zwischen objektiver und subjektiver Unmöglichkeit spielt im Rahmen des § 275 I BGB aber keine entscheidende Rolle, da § 275 I BGB beide Fälle erfasst. 27

Hinsichtlich des Zeitpunkts der Unmöglichkeit lässt sich zwischen anfänglicher und nachträglicher Unmöglichkeit unterscheiden. Abzustellen ist dabei auf den Zeitpunkt des Entstehens des Schuldverhältnisses, in der Regel also auf den Vertragsabschluss.

Tritt das die Unmöglichkeit auslösende Ereignis (z.B. der Blitzschlag, der den zu übereignenden Pkw zerstört) vorher auf, liegt anfängliche, andernfalls nachträgliche Unmöglichkeit vor.

In allen Fällen des § 275 I BGB erlischt der Leistungsanspruch des Gläubigers per se. Bei nachträglicher Unmöglichkeit stellt § 275 I BGB eine rechtsvernichtende Einwendung gegen den Primäranspruch dar und ist deswegen unter dem Prüfungspunkt „Anspruch erloschen“ zu prüfen. Bei anfänglicher Unmöglichkeit handelt es sich bei § 275 I BGB um eine rechtshindernde Einwendung, denn dann entsteht der Primäranspruch erst gar nicht. In diesen Fällen ist § 275 I BGB also unter dem Prüfungspunkt „Anspruch entstanden“ zu prüfen. *28*

hemmer-Methode: Die Unterscheidung hinsichtlich der Art der Unmöglichkeit wird auch beim Sekundäranspruch relevant, vor allem beim Anspruch auf Schadensersatz nach §§ 280 I, III, 283 BGB (nur bei nachträglicher Unmöglichkeit) bzw. nach § 311a II BGB (nur bei anfänglicher Unmöglichkeit).

II. Unmöglichkeit nach § 275 II BGB

§ 275 II BGB erfasst die Fälle der faktischen oder auch praktischen Unmöglichkeit. Dies sind die Fälle, in denen die Behebung des Leistungshindernisses zwar theoretisch möglich, aber der Aufwand keinem Schuldner zumutbar ist. *29*

Entscheidender Unterschied zu § 275 I BGB ist, dass bei § 275 II BGB das Leistungsverweigerungsrecht erst vom Schuldner geltend gemacht werden muss.

Einrede!

Das bedeutet, dass § 275 II BGB (wie im Übrigen auch Abs. 3) als rechtsvernichtende Einrede ausgestaltet ist.

§ 275 II BGB führt nach Geltendmachung des Leistungsverweigerungsrechts zum Ausschluss des Primäranspruchs.

Erforderlich ist nach § 275 II S.1 BGB ein grobes Missverhältnis des erforderlichen Aufwands des Schuldners zum Leistungsinteresse des Gläubigers. Der erforderliche Aufwand ist objektiv zu bestimmen. Subjektive Leistungserschwerungen spielen im Rahmen des § 275 II BGB keine Rolle. 30

Das Leistungsinteresse des Gläubigers bemisst sich mindestens nach der Höhe des Verkehrswertes der Leistung, bei gegenseitigen Verträgen auch nach dem Betrag der Gegenleistung.

Wann ein grobes Missverhältnis zwischen dem Aufwand des Schuldners und dem Leistungsinteresse des Gläubigers vorliegt, ist letztlich eine Wertungsfrage. Nach dem Wortlaut des Gesetzes sind folgende Kriterien in diese Wertungen einzubeziehen: 31

Nach § 275 II S.2 BGB ist ein Vertretenmüssen des Schuldners zu Lasten des Schuldners zu berücksichtigen. Wenn also ein Grenzfall vorliegt, führt ein Vertretenmüssen des Schuldners zur Verneinung eines groben Missverhältnisses.

Wesentlicher Anhaltspunkt für den Aufwand, der dem Schuldner zuzumuten ist, ist der Inhalt des Schuldverhältnisses nach § 275 II S.1 BGB. Wenn z.B. schon die Vereinbarung höhere Anstrengungen des Schuldners beinhaltet, liegt jedenfalls kein dem Schuldner nicht mehr zumutbares grobes Missverhältnis vor.

Nicht erfasst von § 275 II BGB ist die so genannte wirtschaftliche Unmöglichkeit. Diese fällt unter die Störung der Geschäftsgrundlage nach § 313 BGB. 32

Die Abgrenzung von faktischer und wirtschaftlicher Unmöglichkeit ist nicht ganz einfach. Während bei der „faktischen" Unmöglichkeit der Aufwand allein am Leistungsinteresse des Gläubigers zu messen ist (*vernünftiges Gläubigerinteresse*), geht es bei der wirtschaftlichen Unmöglichkeit darum, dass dem Schuldner überobligatorische Anstrengungen abverlangt werden, die dem Schuldner wegen Überschreitung der „Opfergrenze" unzumutbar sind (*Schuldnerinteresse*). Beispiele für wirtschaftliche Unmöglichkeit sind etwa die vertraglichen Ungleichgewichte infolge der Deflation nach dem 1. Weltkrieg. Zur wirtschaftlichen Unmöglichkeit vgl. Sie unten Rn. 197 im Rahmen der Störung der Geschäftsgrundlage nach § 313 BGB.

Beispiel für faktische/praktische Unmöglichkeit nach § 275 II BGB: *Der Verkäufer verkauft dem Käufer einen Ring. Vor der Übergabe (§ 929 S.1 BGB) fällt der Ring auf den Grund eines Baggersees. Hier liegt keine Unmöglichkeit nach § 275 I BGB vor, da es technisch möglich ist, den Ring vom Grund des Sees zu suchen und zu bergen. Jedoch würde durch die Bergung dem Verkäufer ein Aufwand abverlangt, der mit dem Leistungsinteresse des Käufers in grobem Missverhältnis steht. Eine Bergung mit einem derartigen technischen Aufwand ist dem Verkäufer nicht zuzumuten. Wenn der Verkäufer die Einrede des § 275 II S.1 BGB erhebt, ist seine Leistungspflicht nach § 275 II BGB ausgeschlossen.*

hemmer-Methode: Beachten Sie jedoch etwaige vertragliche Abreden. Wenn z.B. beide Parteien bereits bei Vertragsschluss wissen, dass der Ring auf dem Grund des Sees liegt und vereinbaren, dass der Ring gesucht und geborgen werden soll, liegt hier nach dem Inhalt des Schuldverhältnisses kein unzumutbarer Aufwand vor. Vielmehr war gerade dieser Aufwand nach dem Schuldverhältnis gewollt (und ggf. sogar besonders vergütet).
Einen Fall zur praktischen Unmöglichkeit finden Sie bei Hemmer/Wüst, Die 55 wichtigsten Fälle Schuldrecht AT, Fall 15.

III. Unmöglichkeit nach § 275 III BGB

§ 275 III BGB erfasst die Fälle der so genannten „moralischen“ Unmöglichkeit. Nach seinem Wortlaut ist § 275 III BGB nur auf solche Leistungspflichten anwendbar, die der Schuldner persönlich, also in eigener Person, zu erbringen hat. Hierunter fällt vor allem die Hauptleistungspflicht von Dienstverpflichteten und Arbeitnehmern, § 613 S.1 BGB. Aber auch bei Werk- und Geschäftsbesorgungsverträgen kann sich durch Auslegung nach §§ 133, 157 BGB ergeben, dass eine persönliche Dienstverpflichtung vorliegt. 33

Die von § 275 III BGB vorausgesetzte Unzumutbarkeit der Leistung für den Schuldner ist im Wege einer Abwägung zwischen den der Leistung entgegenstehenden Hindernissen und dem Leistungsinteresses des Gläubigers zu ermitteln.

Seitens des Schuldners sind insbesondere auch persönliche Umstände zu berücksichtigen, da es gerade um die persönliche Leistungspflicht des Schuldners geht.

Beispiel für moralische Unmöglichkeit nach § 275 III BGB: *Ein berühmter Sänger wurde für ein Konzert engagiert. Kurz vor dem Auftritt erfährt er von einer lebensgefährlichen Erkrankung seines Kindes und weigert sich aufzutreten. Für das Eingreifen von § 275 III BGB muss eine persönliche Leistungspflicht vorliegen. Dies ist nach dem erkennbaren Interesse des Gläubigers zu ermitteln. Der Konzertveranstalter hat hier kein Interesse daran, dass ein anderer als der berühmte Sänger ein Konzert gibt. Daher liegt eine persönliche Leistungspflicht vor. Für die Unzumutbarkeit für den Schuldner ist eine Abwägung zwischen den entgegenstehenden Interessen des Schuldners und dem Leistungsinteresse des Gläubigers vorzunehmen. Hier haben die entgegenstehenden Interessen des Schuldners aufgrund der Belastung mit dem schwer erkrankten Kind keinen Vorrang. Da der Sänger auch die Einrede erhoben hat (Weigerung), liegt also eine moralische Unmöglichkeit nach § 275 III BGB vor.*

Beachten Sie insbesondere die Rechtsfolge des § 275 III BGB. Wie § 275 II BGB, aber anders als § 275 I BGB, ist § 275 III BGB ein Leistungsverweigerungsrecht des Schuldners, genauer eine rechtsvernichtende Einrede. Macht der Schuldner von diesem Gebrauch, erlischt der Primäranspruch (bei nachträglicher moralischer Unmöglichkeit) bzw. entsteht von vornherein nicht (bei anfänglicher moralischer Unmöglichkeit). *34*

hemmer-Methode: Machen Sie sich den Unterschied klar. § 275 I BGB ist eine Einwendung, also von Amts wegen zu beachten. § 275 II und III BGB sind Einreden, müssen also erhoben werden, um vor Gericht Beachtung zu finden.
Zu § 275 III BGB vgl. Sie Hemmer/Wüst, Die 55 wichtigsten Fälle Schuldrecht AT, Fall 16.

C. Sonderfälle

I. Zweckfortfall

Der so genannte Zweckfortfall ist auch ein Fall der Unmöglichkeit im Sinne des § 275 I BGB. Zweckfortfall ist gegeben, wenn das Leistungssubstrat wegfällt oder untauglich ist. Denn der geschuldete Leistungserfolg bezieht sich hierbei auf ein bestimmtes Objekt, das Leistungssubstrat, weshalb der Leistungserfolg objektiv nicht erbringbar ist, wenn das Leistungssubstrat wegfällt bzw. untauglich ist. *35*

Bspe.: Das freizuschleppende Schiff sinkt; das zu streichende Haus brennt ab.

Anmerkung: Dazu Hemmer/Wüst, Die 55 wichtigsten Fälle Schuldrecht AT, Fall 14.

II. Zweckerreichung

Auch die Zweckerreichung ist ein Fall des § 275 I BGB. Bei 36
der Zweckerreichung tritt der geschuldete Leistungserfolg zwar ein, jedoch nicht durch eine Leistungshandlung des Schuldners. Damit kann der Leistungserfolg nicht durch den Schuldner erbracht werden, womit Unmöglichkeit nach § 275 I BGB vorliegt.

hemmer-Methode: Der Fall der Zweckerreichung erklärt sich von selbst, wenn Sie sauber an der Definition der Unmöglichkeit subsumieren. Unmöglichkeit ist die Nichterbringbarkeit des Leistungserfolgs durch eine Leistungshandlung des Schuldners. Im Fall der Zweckerreichung tritt der Leistungserfolg unabhängig von einer Leistungshandlung des Schuldners ein. Folglich ist nach der Definition Unmöglichkeit i.S.d. § 275 I BGB gegeben.

Beispiel für Zweckerreichung: Das freizuschleppende Schiff kommt von selbst oder durch die Handlung eines Dritten wieder frei.

III. Nicht: Zweckstörung

Bei der Zweckstörung hat der Gläubiger an der Leistung kein 37
Interesse mehr, weil ein bestimmtes Ereignis nicht, früher oder anders als erwartet eingetreten ist; die Leistung ist also für den Gläubiger sinnlos geworden. Der Leistungserfolg als solcher kann aber noch erbracht werden.

In der Regel sind die Zweckstörungsfälle über die Störung der Geschäftsgrundlage, § 313 BGB, zu lösen. Nur dann, wenn der Zweck nach Vereinbarung zum Inhalt der Leistungspflicht gemacht wurde, liegt auch im Fall der Zweckstörung Unmöglichkeit vor.

Möglicherweise erscheinen Ihnen die verschiedenen Fallgruppen Zweckerreichung, Zweckfortfall und Zweckstörung verwirrend.

Sie können sich diese aber anhand eines einfachen, wenn auch nicht ganz politisch korrekten Beispiels merken:

Die Eltern rufen einen Arzt für das kranke Kind.

- ⇨ *Das Kind stirbt. ⇨ Zweckfortfall, da Wegfall des Leistungssubstrats Kind.*
- ⇨ *Als der Arzt kommt, ist das Kind gesund. ⇨ Zweckerreichung, da die Gesundung ohne Mitwirkung des Arztes eintrat.*
- ⇨ *Als der Arzt kommt, sagen die Eltern: Es ist eine Kinderkrankheit, wir brauchen keinen Arzt. ⇨ Zweckstörung, da die Eltern als Gläubiger hier kein Interesse mehr an der Leistung des Arztes haben.*

hemmer-Methode: Nur in den ersten beiden Fällen liegt Unmöglichkeit i.S.d. § 275 I BGB vor, nicht hingegen im dritten Fall.

IV. Zeitliche Unmöglichkeit beim <u>absoluten</u> Fixgeschäft

Bei diesem Sonderfall der Unmöglichkeit handelt es sich um eine Konstellation der Unmöglichkeit durch Zeitablauf. 38

Grundsätzlich führt das Verstreichenlassen einer vereinbarten Leistungsfrist allenfalls zum Schuldnerverzug i.S.d. § 286 BGB. Bei der zeitlichen Unmöglichkeit tritt mit dem Verstreichen des vereinbarten Leistungszeitpunkts jedoch Unmöglichkeit ein. Schuldnerverzug kommt dann (ab Eintritt der Unmöglichkeit) mangels wirksamen Primäranspruchs nicht in Betracht.

Ob es sich um einen Fall zeitlicher Unmöglichkeit oder um Schuldnerverzug handelt, bestimmt sich danach, ob ein so genanntes absolutes Fixgeschäft vereinbart wurde oder nicht. Beim absoluten Fixgeschäft ist nach dem Zweck der Vereinbarung und der Interessenlage eine Erbringung der Leistung nach dem vereinbarten Termin nicht mehr möglich.

Der zu erbringende Leistungserfolg ist beim Fixgeschäft daher die Erbringung einer Leistung bis zu einem bestimmten Zeitpunkt. Der Zeitpunkt der Leistungserbringung wird durch die Vereinbarung der Parteien zu einem zentralen Bestandteil des geschuldeten Leistungserfolgs gemacht.

Verstreicht dieser Zeitpunkt, ist die Erbringung des Leistungserfolgs nicht mehr möglich. Unmöglichkeit i.S.d. § 275 I BGB tritt ein.

Ob ein solches absolutes Fixgeschäft vereinbart wurde, muss durch Auslegung nach §§ 133, 157 BGB ermittelt werden. Hierbei spielt das dem Schuldner erkennbare Interesse des Gläubigers an der rechtzeitigen Leistung eine maßgebliche Rolle.

hemmer-Methode: Ein absolutes Fixgeschäft liegt daher vor, wenn die Einhaltung der Leistungszeit nach Vertragszweck und jeweiliger Interessenlage so wesentlich ist, dass eine verspätete Leistung keine Erfüllung mehr darstellt, die Leistung also nicht mehr nachholbar ist. Mit Ablauf der Leistungszeit tritt Unmöglichkeit ein.

Abzugrenzen ist das absolute **vom relativen Fixgeschäft**. 39
Denn beim relativen Fixgeschäft bleibt die Leistung mit Verstreichen der Leistungszeit noch möglich, es tritt also keine Unmöglichkeit ein. Beim relativen Fixgeschäft hat die rechtzeitige Leistung nach der Parteivereinbarung besondere Bedeutung, während die verspätete Leistung aber immer noch möglich ist. Das Geschäft „steht und fällt" mit der rechtzeitigen Leistung. Hier ist Unmöglichkeitsrecht nicht anwendbar; ein erleichtertes Rücktrittsrecht ohne die sonst erforderliche Nachfristsetzung ergibt sich aus § 323 II Nr. 2 BGB. Im Handelsrecht gelten nach § 376 HGB Besonderheiten.

Da die Abgrenzung zwischen relativem und absolutem Fixgeschäft bedeutsam, aber nicht immer einfach ist, hier ein paar Beispiele:

⇨ Das bestellte Hochzeitsessen wird erst drei Tage nach der Hochzeit geliefert.

Hier ist nach der Auslegung nach §§ 133, 157 BGB das Interesse des Bestellers an rechtzeitiger Lieferung so wesentlich, dass die Rechtzeitigkeit Bestandteil der Primärpflicht wurde. Eine so späte Lieferung ist keine Erfüllung i.S.d. § 362 I BGB. Es lag also ein absolutes Fixgeschäft vor. Mit Beendigung der Hochzeitsfeier trat Unmöglichkeit i.S.d. § 275 I BGB ein.

⇨ A bestellt für 11.30 Uhr ein Taxi zum Flughafen, um die 13.00 Uhr-Maschine zu erreichen. Das Taxi kommt um 13.30 Uhr.

Da A das Taxi bestellt hat, um die 13.00 Uhr-Maschine zu erreichen, macht eine Taxifahrt um 13.30 Uhr für den A keinen Sinn mehr. Es lag ein absolutes Fixgeschäft vor. Jedenfalls um 13.30 Uhr war der Leistungserfolg nicht mehr erbringbar, es lag Unmöglichkeit nach § 275 I BGB vor.

Voraussetzung ist aber, dass der Taxifahrer die Bedeutung erkannte. Das heißt, dass das Interesse des Gläubigers an der Rechtzeitigkeit der Leistungserbringung Gegenstand des Vertrages geworden sein muss. Der Schuldner muss abschätzen können, welche Rechtsfolgen auf ihn zukommen, wenn er nicht rechtzeitig leistet.

⇨ A bestellt wiederum ein Taxi für 11.30 Uhr. Das Taxi kommt um 11.45 Uhr, könnte den A aber bis 12.15 Uhr zum Flughafen bringen.

Zwar konnte der Taxifahrer wegen der Verzögerung hier die Leistungshandlung erst später beginnen.

Da er den A aber noch bis um 12.15 Uhr zum Flughafen bringen kann, ist die Taxifahrt zur Erreichung des vereinbarten Geschäftszwecks (Erreichen des 13.00 Uhr-Flugs) geeignet. Die Leistung ist weiterhin möglich und der Leistungserfolg ist noch erbringbar. Es liegt zwar auch hier ein absolutes Fixgeschäft vor. Die Leistungszeit, innerhalb derer die Leistung noch erbracht werden kann, ist aber noch nicht verstrichen.

D. Auswirkung der Unmöglichkeit nach § 275 BGB auf die Gegenleistung – § 326 BGB

I. Der gegenseitige Vertrag und die im Synallagma stehende Pflicht

§ 275 BGB bezieht sich seinem Wortlaut nach nur auf die Unmöglichkeit der Leistung. *40*

hemmer-Methode: Nochmals an dieser Stelle: § 275 BGB bezieht sich nur auf die Leistung, die selbst unmöglich geworden ist, nicht auf die Gegenleistung. Die Gegenleistung ist die Leistung, die der unmöglich gewordenen Leistung gegenüber steht.

§ 326 BGB betrifft dagegen die Gegenleistung.

Wie sich aus der Stellung des § 326 BGB in Titel 2 „Gegenseitige Verträge“ ergibt, muss für die Anwendbarkeit des § 326 BGB ein gegenseitiger Vertrag vorliegen. Zudem muss es sich nach dem Wortlaut des § 326 I S.1 BGB bei dem zu prüfenden Anspruch um die Gegenleistung der unmöglich gewordenen Leistung handeln.

Bei einem **gegenseitigen oder auch vollkommen zweiseitigen Vertrag** steht mindestens auf jeder Vertragsseite eine Verpflichtung in einem Abhängigkeitsverhältnis zu der Verpflichtung der anderen Seite (vertragliches Synallagma). Jeder Vertragspartner verspricht die Leistung um der anderen Leistung willen. Die Leistung der einen Seite ist Entgelt für die Leistung der anderen Seite. *41*

hemmer-Methode: Für dieses gegenseitige Abhängigkeitsverhältnis wird auch der lateinische Ausdruck für „ich gebe, damit du gibst“, do ut des, verwendet.

Die wechselseitigen Leistungspflichten stehen bei einem gegenseitigen Vertrag also in einem Gegenseitigkeitsverhältnis, dem so genannten **Synallagma**. Man spricht bei diesen Pflichten daher auch von **synallagmatischen Pflichten**.

Beispiele für synallagmatische Pflichten in gegenseitigen Verträgen:

⇨ *Die Pflicht des Käufers zur Kaufpreiszahlung nach § 433 II BGB zur Verschaffungspflicht des Verkäufers nach § 433 I S.1 BGB.*

⇨ *Die Pflicht des Bestellers im Werkvertrag zur Entrichtung der vereinbarten Vergütung nach § 631 I Hs. 2 BGB zur Pflicht des Unternehmers zur Herstellung des Werks nach § 631 I Hs.1 BGB.*

⇨ *Die Pflicht des Mieters zur Zahlung der Miete nach § 535 II BGB zur Überlassungspflicht des Vermieters nach § 535 I S.1 BGB.*

hemmer-Methode: Zu beachten ist also, dass es sich um einen gegenseitigen Vertrag handeln und die relevante Pflicht im Gegenseitigkeitsverhältnis stehen muss. Ein Beispiel für eine Pflicht aus einem gegenseitigen Vertrag, die nicht im Gegenseitigkeitsverhältnis steht, ist die Rückgabepflicht des Mieters nach § 546 I BGB.

Der Mietvertrag ist ein gegenseitiger Vertrag, weil Überlassung der Sache und Mietzinszahlung im Gegenseitigkeitsverhältnis stehen. Die Rückgabepflicht des Mieters nach Beendigung des Mietverhältnisses steht jedoch nicht im Gegenseitigkeitsverhältnis mit einer Vermieterpflicht, da der Vermieter nicht überlässt, um zurückzuerhalten (kein „do ut des").

Dagegen sind z.B. Auftrag oder Schenkung keine gegenseitigen Verträge und § 326 BGB ist nicht anwendbar, da es bei beiden Verträgen keine synallagmatischen Pflichten gibt.

II. Regelungsinhalt und Voraussetzungen des § 326 I S.1 BGB

§ 326 I S.1 BGB regelt den Ausschluss der Gegenleistung. 42
Er betrifft damit die so genannte **Gegenleistungs- oder Preisgefahr**, d.h. die Gefahr, die Gegenleistung – im Regelfall die Entrichtung des Entgelts, den „Preis" – erbringen zu müssen, obwohl die Sachleistung untergegangen ist.

Nach dem Regelfall des § 326 I S.1 Hs.1 BGB trägt grundsätzlich der Schuldner der Sachleistung die Gegenleistungs- oder Preisgefahr. Denn wenn in einem gegenseitigen Vertrag die Sachleistung gemäß § 275 BGB unmöglich ist, ist auch der Anspruch des Sachleistungsschuldners auf die der unmöglichen Leistung gegenüberstehende Gegenleistung gemäß § 326 I S.1 Hs.1 BGB ausgeschlossen.

Hinsichtlich des Prüfungsstandorts des § 326 I S.1 Hs.1 BGB gilt, dass die Norm eine rechtshindernde Einwendung bei anfänglicher Unmöglichkeit und eine rechtsvernichtende Einwendung bei nachträglicher Unmöglichkeit darstellt.

Voraussetzungen des § 326 I S.1 Hs.1 BGB 43

⇨ Gegenseitiger Vertrag

⇨ Ausschluss einer synallagmatischen Leistungspflicht nach § 275 I bis III BGB

⇨ Kein Eingreifen von Ausnahmevorschriften, wie z.B. § 326 II S.1 Alt.1 BGB, § 326 II S.1 Alt.2 BGB, §§ 446, 447, 644, 645, 2380 BGB

⇨ **RECHTSFOLGE:** Wegfall der Gegenleistungspflicht, § 326 I S.1 Hs.1 BGB.

Hinsichtlich des gegenseitigen Vertrages gilt das soeben Ausgeführte. Unter dem Prüfungspunkt Ausschluss der synallagmatischen Hauptleistungspflicht prüfen Sie – hinsichtlich der Leistungspflicht, die unmöglich geworden ist – § 275 I bis III BGB. Beachten Sie, dass insbesondere die Einrede nach § 275 II bzw. III BGB erhoben sein muss. Denn nur dann ist die Leistungspflicht des Sachschuldners ausgeschlossen.

Zur Wiederholung: § 326 I S.1 Hs.1 BGB kann nur eingreifen, wenn die Gegenleistung mit einer Leistung im Synallagma steht, die ihrerseits unmöglich ist i.S.d. § 275 I bis III BGB.

Weiterhin darf keine Ausnahme von § 326 I S.1 Hs.1 BGB vorliegen. Unabhängig von den nun unter Rn. 44 besprochenen gesetzlichen Regeln müssen Sie bedenken, dass die Vorschrift abdingbar ist.

III. Ausnahmen zu § 326 I S.1 Hs.1 BGB

Die Ausnahmen zu § 326 I S.1 Hs.1 BGB weichen von der Regel ab, dass grundsätzlich bei Erlöschen des Anspruchs auf die Sachleistung auch der synallagmatische Anspruch auf die Gegenleistung erlischt. 44

Diese Sonderregelungen der Gegenleistungs- oder Preisgefahr führen dazu, dass der Sachleistungsgläubiger die Gegenleistung erbringen muss, obwohl er – wegen des Leistungsausschlusses nach § 275 I bis III BGB – keinen Anspruch gegen den Sachleistungsschuldner auf Leistung hat.

1. § 326 II S.1 Alt.1 BGB

§ 326 II S.1 Alt.1 BGB regelt den Fall, dass der Gläubiger „für den Umstand, auf Grund dessen der Schuldner nach § 275 I bis III BGB nicht zu leisten braucht, allein oder weit überwiegend verantwortlich" ist. 45

Das Gesetz regelt jedoch nicht ausdrücklich, wann der Gläubiger für einen Umstand verantwortlich ist. §§ 276 ff. BGB regeln explizit nur die Verantwortlichkeit des Schuldners.

hemmer-Methode: Arbeiten Sie mit dem Gesetzeswortlaut und den amtlichen Überschriften und Titeln bzw. Untertiteln des BGB. Dies gehört im Rahmen der grammatikalischen bzw. systematischen Auslegung zum Rüstzeug eines jeden Juristen. Mit einer sauberen Arbeit am Gesetz heben Sie sich von der Masse der Auswendiglerner ab und erfreuen jeden Korrektor.

Jedoch sind hier die §§ 276 ff. BGB analog anzuwenden, so dass der Gläubiger auch analog § 278 BGB für ein Fehlverhalten seiner Hilfspersonen einzustehen hat.

Folglich hat der Gläubiger für echtes Verschulden einzustehen, so z.B. bei Verletzung einer vertraglichen Pflicht oder für deliktisches Handeln i.S.d. §§ 823 ff. BGB.

„Weit überwiegend“ i.S.d. § 326 II S.1 Alt.1 BGB meint die Fälle, in denen die Verantwortlichkeit des Gläubigers bei ca. 80 bis 90% liegt. Nicht umfasst ist davon die problematische Fallgruppe der beiderseits zu verantwortenden Unmöglichkeit.

2. § 326 II S.1 Alt.2 BGB

§ 326 II S.1 Alt.2 BGB regelt den Fall, dass der Gläubiger 46
sich zur Zeit des Eintritts der Unmöglichkeit der Leistung nach § 275 I bis III BGB in Annahmeverzug befand.

Zudem darf – auch bei Vorliegen des Annahmeverzugs – der Umstand, auf Grund dessen der Schuldner nach § 275 I bis III BGB nicht zu leisten braucht, nicht vom Schuldner zu vertreten sein, § 326 II S.1 Alt.2 BGB.

Dabei ist während des Annahmeverzugs stets an die Privilegierung des § 300 I BGB zu denken, so dass der Schuldner die Unmöglichkeit nur dann zu vertreten hat, wenn er zumindest grob fahrlässig handelt.

Der Annahmeverzug (auch Gläubigerverzug genannt) ist in §§ 293 ff. BGB geregelt. Wenn Sie in Ihrer Prüfung also auf § 326 II S.1 Alt.2 BGB stoßen, müssen Sie innerhalb des § 326 II S.1 Alt.2 BGB die Voraussetzungen der §§ 293 ff. BGB prüfen. Dies nennt man Inzidentprüfung.

hemmer-Methode: Der Annahme- oder Gläubigerverzug ist zu unterscheiden vom Schuldnerverzug i.S.d. § 286 BGB. Beim Annahmeverzug geht es um die Nichtannahme der Leistung trotz ordnungsgemäßen Angebotes durch den Schuldner. Der Annahmeverzug ist – anders als der Schuldnerverzug – unabhängig von einem Vertretenmüssen.

Voraussetzungen des Annahmeverzugs nach §§ 293 ff. BGB 47

⇨ Wirksamer, erfüllbarer Anspruch

⇨ Keine Unmöglichkeit der Leistung, § 297 BGB

⇨ Tatsächliches Angebot durch den Schuldner nach § 294 BGB bzw. Ausnahme nach §§ 295, 296 BGB

⇨ Nichtannahme der Leistung durch den Gläubiger.

Beachten Sie, dass der Gläubiger nicht in Annahmeverzug kommt, wenn eine feste Leistungszeit nicht bestimmt wurde und der Gläubiger nur vorübergehend an der Annahme der Leistung gehindert ist, § 299 Hs.1 BGB. Dies gilt jedoch nicht, wenn der Schuldner ihm die Leistung eine angemessene Zeit vorher angekündigt hat, § 299 Hs. 2 BGB.

3. § 446 S.1 BGB

Im Kaufrecht als Teil des besonderen Schuldrechts gilt eine 48
generelle Ausnahme von § 326 II S.1 Hs.1 BGB. Nach § 446 S.1 BGB geht die Gegenleistungs- oder Preisgefahr mit der Übergabe auf den Käufer über. Übergabe bedeutet dabei Verschaffung des unmittelbaren Besitzes.

hemmer-Methode: Beachten Sie aber, dass regelmäßig mit der Verschaffung des unmittelbaren Besitzes auch die dingliche Einigung einhergeht und damit nach § 929 S.1 BGB bereits das Eigentum an der Sache übertragen wurde. Ist dies der Fall, wurde die Verkäuferpflicht des § 433 I S.1 BGB (Übergabe und Eigentumsverschaffung) bereits erfüllt, § 362 I BGB. Nach Erfüllung besteht aber keine Pflicht mehr, die unmöglich werden könnte. Ohne unmöglich werdende Leistungspflicht besteht dann auch kein Raum mehr für die Frage nach dem Schicksal der synallagmatischen Gegenleistung. Anders wäre dies z.B. beim Eigentumsvorbehalt, da hier die Leistungspflicht über den Zeitpunkt der Übergabe hinaus fortbesteht und daher Unmöglichkeit noch eintreten kann.

4. § 447 I BGB

Eine weitere Besonderheit hinsichtlich des Übergangs der Preisgefahr im Kaufrecht stellt § 447 I BGB bei Versendungskäufen dar. 49

Ein Versendungskauf ist ein Kauf, bei dem der Verkäufer auf Verlangen des Käufers für die Versendung der Ware an einen anderen als den Erfüllungsort (§ 269 BGB) zu sorgen hat. In diesem Fall geht die Gefahr des zufälligen Untergangs im Zeitpunkt der Übergabe der Kaufsache an die Transportperson auf den Käufer über. Es muss eine Schickschuld vereinbart worden sein, denn bei einer Bringschuld geht die Gefahr erst mit Übergabe am Wohnsitz des Gläubigers auf diesen über, § 446 BGB.

Gesetzesänderung zum 13.06.2014

Bis zum 12.06.2014 ist gem. § 474 II S.2 BGB die Anwendung des § 447 BGB im Rahmen eines Verbrauchsgüterkaufs ausgeschlossen. Das ist verbraucherfreundlich, weil der Verkäufer bei Untergang der Sache auf dem Transport keine Vergütung verlangen kann. Der Gesetzgeber hält das nun nicht mehr in allen denkbaren Fällen für gerechtfertigt.

Ab 13.06.2014 gilt § 474 IV BGB n.F. Darin heißt es, dass § 447 I BGB mit der Maßgabe gilt, dass die Gefahr des zufälligen Untergangs ..... nur dann auf den Käufer übergeht, wenn der Käufer den Spediteur.... mit der Ausführung beauftragt hat und der Unternehmer dem Käufer diese Person ..... nicht zuvor benannt hat.

Wenn also der Käufer selbst die Versendung veranlasst und ohne Vermittlung des Verkäufers organisiert, soll er – weil der Transport dann eher seiner Sphäre zuzuordnen ist, die Gefahr des Untergangs auch selbst tragen. Dieser Fall dürfte allerdings eine geringe praktische Bedeutung haben. Denn wenn die Parteien eine Schickschuld vereinbaren, wird in aller Regel der Verkäufer die Versendung organisieren. Lässt der Käufer die Sache bei einer Holschuld selbst durch einen Transporteuer abholen, findet § 447 BGB sowieso keine Anwendung, weil diese Vorschrift eine Schickschuld voraussetzt.

5. §§ 644, 645 BGB

Auch im Werkvertragsrecht gibt es Sondervorschriften hinsichtlich der Gegenleistungs- bzw. Preisgefahr. Es gibt im Rahmen der §§ 644, 645 BGB aber Parallelen zu bereits behandelten Vorschriften. So entspricht § 644 I S.1 BGB dem § 326 I S.1 BGB. § 644 I S.2 BGB entspricht § 326 II S.1 Alt.2 BGB. § 644 II BGB entspricht inhaltlich § 447 I BGB. § 645 II BGB stellt eine Verweisung auf § 326 II S.1 Alt.1 BGB dar. *50*

§ 645 I BGB betrifft den Fall, dass das Werk vor Abnahme untergeht, weil der Besteller schuldlos (andernfalls gilt § 645 II BGB) fehlerhafte Stoffe geliefert hat oder fehlerhafte Anweisungen gegeben hat.

Anmerkung: Zum Schicksal der Gegenleistung bei Unmöglichkeit der Leistung und den Besonderheiten im Werkvertragsrecht vgl. Sie Hemmer/Wüst, Die 55 wichtigsten Fälle Schuldrecht AT, Fall 14.

6. § 2380 S.1 BGB, § 56 S.1 ZVG

Weitere Ausnahmen zu § 326 I S.1 BGB finden sich in den oben genannten Normen. Diese sind aber wenig klausurrelevant und erschließen sich aus der Lektüre. *51*

§ 5 Schadensersatzansprüche

A. Allgemeines

I. Schaden

Ein Schaden ist die **unfreiwillige Einbuße an rechtlich geschützten Gütern**. Der Schaden steht im Gegensatz zu freiwillig erfolgten Aufwendungen. Man unterscheidet zwischen materiellen und immateriellen Schäden. 52

Ein **materieller Schaden** oder **Vermögensschaden** ist dann gegeben, wenn sich die Einbuße in Geld messen lässt. Er wird durch die so genannte Differenzhypothese ermittelt und liegt dann vor, wenn der Wert des tatsächlichen Vermögens des Geschädigten nach Eintritt des schädigenden Ereignisses geringer ist als der Wert, den sein Vermögen bei hypothetischer Betrachtung haben würde, wenn das schädigende Ereignis nicht eingetreten wäre.

Ein **immaterieller Schaden** oder **Nichtvermögensschaden** liegt vor, wenn die schädigende Handlung nach der Differenzhypothese keine messbare Vermögenseinbuße zur Folge hat. Das ist z.B. bei der Körperverletzung hinsichtlich der Schmerzen des Verletzten der Fall oder bei Verletzung des Allgemeinen Persönlichkeitsrechts, wenn z.B. eine ehrverletzende Äußerung getätigt wird.

hemmer-Methode: Relevant wird die Unterscheidung zwischen Vermögens- bzw. materiellem Schaden und Nichtvermögens- bzw. immateriellem Schaden insbesondere bei der Ersatzfähigkeit des Schadens in Geld. Nach § 253 I BGB sind immaterielle Schäden in Geld nur in den Fällen zu ersetzen, die gesetzlich vorgesehen sind, insbesondere §§ 253 II, 651f II BGB.
Beachten Sie: Dies betrifft nur die Ersatzfähigkeit immaterieller Schäden in Geld. Naturalrestitution bleibt immer möglich, z.B. bei Ehrverletzungen durch Widerruf.

II. Prüfungsort

Das Vorliegen eines Schadens wird erst dann relevant, wenn eine Anspruchsgrundlage auf Schadensersatz verwirklicht wurde. 53

Dann muss danach gefragt werden, ob durch die Pflichtverletzung bzw. die Verletzungshandlung ein kausaler Schaden entstanden ist. Erst wenn das bejaht wurde, kommt es zur Anwendung der §§ 249 ff. BGB, denn erst dann stellt sich die Frage, wie nun dieser kausale Schaden auszugleichen ist.

So formuliert § 280 I S.1 BGB als Rechtsfolge: „... so kann der Gläubiger Ersatz des ... Schadens verlangen" und § 823 I BGB formuliert als Rechtsfolge: „... ist dem anderen zum Ersatz des ... Schadens verpflichtet".

hemmer-Methode: Die §§ 249 ff. BGB sind keine Anspruchsgrundlage. Um in den Anwendungsbereich dieser Vorschriften zu kommen, muss sich aus Anspruchsnormen die Rechtsfolge Schadensersatz ergeben (z.B. §§ 280 ff., 823 ff. BGB). Im Rahmen der Rechtsfolge, also nachdem der Tatbestand der Anspruchsnorm geprüft und bejaht worden ist, sind dann die §§ 249 ff. BGB anzusprechen, wenn Art und Umfang des Schadensersatzes problematisch sind.

B. Die Systematik der §§ 280 ff. BGB

§ 280 BGB ist der Grundtatbestand und stellt so die zentrale Norm für Ansprüche auf Schadensersatz wegen Pflichtverletzungen im Schuldverhältnis dar. 54

Die §§ 281 bis 283, 286 BGB stellen für besondere Arten von Schadensersatz weitere Voraussetzungen auf, die neben § 280 I BGB zu prüfen sind. Die Prüfung der Tatbestandsmerkmale, Vorliegen eines Schuldverhältnisses, Pflichtverletzung, Vorliegen eines Schadens und Vertretenmüssen des Schuldners, ergeben sich für alle Schadensersatzansprüche der §§ 280 ff. BGB aus § 280 I BGB.

Auch die Tatsache, dass das Vertretenmüssen widerleglich vermutet wird, folgt aus § 280 I S.2 BGB und gilt für alle Schadensersatzansprüche nach §§ 280 ff. BGB.

Die §§ 280 ff. BGB kennen hinsichtlich der Rechtsfolge zwei grundsätzliche Unterscheidungen: Schadensersatz neben der Leistung und Schadensersatz statt der Leistung.

Zum **Schadensersatz statt der Leistung** gehören alle Schadensposten, deren Ersatz an die Stelle des Erfüllungsanspruchs treten würde, so dass sie funktional als Leistungsersatz anzusehen sind.

Zum **Schadensersatz neben der Leistung** gehören alle sonstigen Schadensposten, die auch nicht durch die ordnungsgemäße Leistung beseitigt werden können. Daher werden diese Schäden auch als Begleitschäden bezeichnet.

hemmer-Methode: Man kann sich für die Zuordnung neben bzw. statt der Leistung immer die Kontrollfrage stellen, ob Schadensersatz und Primäranspruch auf Erfüllung nebeneinander bestehen können ⇨ dann Schadensersatz neben der Leistung bzw. Begleitschaden oder ob der geltend gemachte Schaden durch eine ordnungsgemäße Nacherfüllung behoben werden könnte ⇨ dann Schadensersatz statt der Leistung.

I. Schadensersatz statt der Leistung

Die §§ 280 ff. BGB kennen 3 Anspruchsgrundlagen auf Schadensersatz statt der Leistung. Bereits aus dem Wortlaut des § 280 III BGB ergibt sich, dass § 280 I BGB auch für diese Schadensersatzansprüche gilt, dass andererseits aber die §§ 281, 282, 283 BGB zusätzliche Voraussetzungen aufstellen. 55

Auch die amtlichen Überschriften der §§ 281, 282, 283 BGB machen deutlich, dass dies Schadensersatzansprüche statt der Leistung darstellen.

Die drei Anspruchsgrundlagen beinhalten 4 Fälle des Schadensersatzes statt der Leistung: Schadensersatz statt der Leistung **wegen Nichterfüllung nach §§ 280 I, III, 281 BGB**, Schadensersatz statt der Leistung **wegen Schlechterfüllung nach §§ 280 I, III, 281 BGB** (häufig in Verbindung mit anderen Vorschriften, insbesondere § 437 Nr. 3), Schadensersatz statt der Leistung **wegen Verletzung einer Pflicht nach § 241 II BGB nach §§ 280 I, III, 282 BGB** und Schadensersatz statt der Leistung wegen **nachträglicher Unmöglichkeit nach §§ 280 I, III, 283 BGB**. 56

Die 2. Alternative (Leistung „nicht wie geschuldet") im § 281 I BGB kommt dabei nur zur Anwendung, wenn es im Schuldrecht BT, d.h. bei den jeweiligen Vertragstypen, keine speziellen Regelungen zum Schadensersatz statt der Leistung gibt bzw. wenn diese Regelungen noch nicht anwendbar sind, etwa weil es im Kaufrecht noch nicht zur Übergabe, d.h. zum Gefahrübergang i.S.d. §§ 434 I, 446 BGB gekommen ist.

Wichtig: kommen Sie über § 437 Nr. 3 BGB in die §§ 280 ff. BGB, setzt § 281 insoweit die Möglichkeit der Behebung des Mangels voraus. Andernfalls sind die §§ 283 bzw. 311a II BGB zu beachten.

hemmer-Methode: Die Systematik der §§ 280 ff. BGB ist nicht so schwer, wenn Sie streng am Gesetzeswortlaut arbeiten. § 280 III BGB stellt klar, dass § 280 I BGB auch für die Ansprüche auf Schadensersatz statt der Leistung gilt und dass für diese Ansprüche die §§ 281 bis 283 BGB zusätzliche Voraussetzungen aufstellen.
Daher ergibt sich auch die Zitierweise zwanglos aus diesen Ausführungen. § 280 I BGB gilt für alle Schadensersatzansprüche nach §§ 280 ff. BGB, also wird er auch immer zitiert. § 280 III BGB verweist auf zusätzliche Voraussetzungen, §§ 281 bis 283 BGB stellen diese zusätzlichen Voraussetzungen auf. Somit ist die Zitierweise für einen Schadensersatzanspruch statt der Leistung nach §§ 280 ff. BGB immer §§ 280 I, III, 281 oder 282 oder 283 BGB.

Neben den Schadensersatzansprüchen nach §§ 280 ff. BGB gibt es noch den Schadensersatzanspruch statt der Leistung nach § 311a II S.1 Alt.1 BGB.

Dieser Anspruch gilt für die Fälle des Schadensersatzes statt der Leistung bei anfänglicher Unmöglichkeit. § 311a II S.1 Alt.1 BGB ist unabhängig von den §§ 280 ff. BGB, was bereits seine systematische Stellung zeigt. Auch das Vertretenmüssen ist gesondert in § 311a II S.2 BGB geregelt.

hemmer-Methode: Bei diesem Schadensersatzanspruch ist es also falsch, den § 280 I BGB mitzuzitieren. Dies wird aber schon dadurch klar, dass § 311a II BGB alle Tatbestandsvoraussetzungen eigenständig regelt.

II. Schadensersatz neben der Leistung

Die §§ 280 ff. BGB kennen zwei Arten von Schadensersatz neben der Leistung. Zum einen regelt **§ 280 I BGB** als Auffangtatbestand den einfachen Schadensersatz neben der Leistung (auch **Begleitschaden** genannt). Hierfür sind keine weiteren Voraussetzungen nötig als die in § 280 I BGB normierten Tatbestandsvoraussetzungen. 57

Zum anderen regeln **§§ 280 I, II, 286 BGB** den Ersatz des Verzögerungsschadens. Auch der **Verzögerungsschaden** ist ein Unterfall des Schadensersatzes neben der Leistung.

Dass dafür die Voraussetzungen des § 280 I BGB und die zusätzlichen Voraussetzungen des § 286 BGB gelten, ergibt sich aus dem ausdrücklichen Wortlaut des § 280 II BGB.

III. Zuordnung des Schadens zum Schadensersatz statt bzw. neben der Leistung

Die Kontrollfrage zur Abgrenzung lautet immer, ob Schadensersatz und Primäranspruch nebeneinander bestehen können (dann neben der Leistung) oder ob der geltend gemachte Schaden nur alternativ zum Leistungsanspruch bestehen kann (dann statt der Leistung). Die Beantwortung der Frage **hängt entscheidend vom Gläubigerinteresse ab**. 58

Um dieses Gläubigerinteresse zu hinterfragen, gibt es mehrere Möglichkeiten. Die Abgrenzung erfolgt zum einen nach dem Sinn und Zweck der Nachfristsetzung, die in § 281 I S.1 BGB für den Anspruch auf Schadensersatz statt der Leistung normiert ist. Mit dieser Fristsetzung dokumentiert der Gläubiger gerade, dass es ihm gar nicht entscheidend auf Schadensersatz ankommt, sondern er vielmehr ein Leistungsinteresse hat. Bei Schadenspositionen, die neben das Leistungsinteresse treten, ergibt eine derartige Fristsetzung keinen Sinn.

Der Nachteil an diesem Ansatz ist der, dass auch bei Ansprüchen auf Schadensersatz statt der Leistung mitunter keine Frist gesetzt werden muss, nämlich in allen Fällen außer dem des § 281 BGB.

Nach überwiegender Ansicht wird die Zuordnung von folgender Fragestellung abhängig gemacht.

Anmerkung: Für die Zuordnung zum Schadensersatz statt der Leistung ist entscheidend, ob der geltend gemachte Schadensposten durch eine hypothetisch gedachte fristgerechte Leistungserbringung entfiele.

Wenn dies der Fall ist, zeigt sich, dass der Gläubiger Schadensersatz nur alternativ zur Leistung verlangt. Bekommt er die Leistung, entfällt der Schaden. Bekommt er die Leistung nicht, bleibt der Schaden und tritt an die Stelle des Leistungsanspruchs.

Schäden, die aber durch Vornahme einer Leistung nicht mehr beseitigt werden können, sind endgültig eingetreten. Hier will der Gläubiger Ersatz, ohne dass dies sein Interesse am Erhalt der Leistung beeinträchtigen würde.

Wichtig: die Abgrenzungsfrage stellt sich nicht bei Unmöglichkeit der Leistung. Denn wenn der Leistungsanspruch nach § 275 BGB entfällt, kann denknotwendig daneben kein Anspruch auf Schadensersatz mehr treten. Insoweit können Sie die Formulierung wörtlich nehmen. Das heißt: alle durch Unmöglichkeit

Im Folgenden sollen die einzelnen Anspruchsgrundlagen auf Schadensersatz statt und neben der Leistung dargestellt werden. Dabei wird die Schlechtleistung als typisches Besonderes Schuldrecht ausgeklammert. Wichtig beim Auffinden der richtigen Anspruchsgrundlage ist stets die Frage danach, welche Pflichtverletzung im Raum steht: (Schlechtleistung), Nichtleistung, Unmöglichkeit, Nebenpflichtverletzung. Daraus ergeben sich die einzelnen Anspruchsgrundlagen: Bei der Nebenpflichtverletzung § 280 I bzw. III, 282 für statt der Leistung; bei der Nichtleistung § 280 I, II, 286 bzw. 280 III, 281 für statt der Leistung. Bei der Unmöglichkeit § 283 bzw. § 311a II, wobei es – wie gesagt – hier keinen Anspruch neben der Leistung geben kann, s.o.

C. Schadensersatz neben der Leistung nach § 280 I BGB wegen Nebenpflichtverletzung

Voraussetzungen für den Ersatz des Begleitschadens nach § 280 I BGB 59

⇨ Bestehen eines Schuldverhältnisses

⇨ Nebenpflichtverletzung gem. § 241 II BGB

⇨ Vertretenmüssen des Schuldners, § 280 I S.2 BGB

⇨ **RECHTSFOLGE:** Ersatz des durch die Pflichtverletzung entstandenen Schadens.

Anmerkung: Verschiedene Fälle zum Schadensersatz neben der Leistung finden Sie in Hemmer/Wüst, Die 55 wichtigsten Fälle Schuldrecht AT, Fälle 5 bis 12.

I. Schuldverhältnis

Ein Schuldverhältnis i.S.d. § 280 I S.1 BGB meint Schuldverhältnisse im weiteren Sinn. Darunter fallen sowohl vertragliche als auch vor- und nachvertragliche sowie gesetzliche Schuldverhältnisse. 60

hemmer-Methode: Mit dem Hinweis auf Schuldverhältnisse sind also gerade nicht nur Verträge gemeint. Dass auch im vorvertraglichen Bereich Schuldverhältnisse vorliegen, machen § 311 II und III BGB klar. Bei den gesetzlichen Schuldverhältnissen beachten Sie, dass § 280 I BGB auch auf das gesetzliche Schuldverhältnis GoA anwendbar, also ein Anspruch aus §§ 280 I, 677 BGB denkbar ist.

II. Pflichtverletzung

Nebenpflichten gem. § 241 II BGB kann man in unterschiedliche Fallgruppen einteilen, so z.B. Schutzpflichten und Aufklärungspflichten.

Wichtig ist immer: die Nebenpflichten aus § 241 II BGB sind nicht klagbar. Sie müssen also immer schauen, ob es sich vielleicht um eine Neben*leistungs*pflicht bzw. leistungsbezogene Nebenpflicht handelt. Denn diese wäre wiederum klagbar und hat mit § 241 II BGB nichts zu tun! Ist die **Pflichtverletzung leistungsbezogen,** kommen hinsichtlich einer Verletzung nur die Vorschriften über die Leistungsstörungen zur Anwendung, also Nichtleistung, Schlechtleistung und Unmöglichkeit. 61

Beispiel zu leistungs- und nicht-leistungsbezogenen Pflichten: *B schließt mit F einen Werkvertrag mit dem Inhalt, die Fenster an seinem Hochhaus zu putzen. F putzt alle Fenster ordentlich sauber, aber während des Putzvorgangs fällt dem F das Reinigungsgerät aus der Hand und dem B auf den Kopf. B erleidet dadurch eine Gehirnerschütterung.*

In dem Beispiel ist das Putzen der Fenster leistungsbezogene Pflicht des Werkvertrags nach §§ 631 ff. BGB. Diese Pflicht hat F aber nicht verletzt, da alle Fenster sauber sind.

Inhalt des Schuldverhältnis Werkvertrag sind aber auch Schutz- und Treuepflichten nach § 241 II BGB, also nicht-leistungsbezogene Pflichten. Das Charakteristikum von nicht-leistungsbezogenen Pflichten ist, dass sie nicht einklagbar sind, der Gläubiger darauf also keinen Anspruch hat. Aus dem Werkvertrag hat B im Vorfeld keinen Anspruch auf Unterlassen der relevanten Handlung. Somit ist hier eine nicht-leistungsbezogene Schutzpflicht betroffen, genauer die Pflicht nach § 241 II BGB, das Rechtsgut körperliche Unversehrtheit des B zu achten. 62

Als Anspruch kommt hier ein Anspruch auf Schadensersatz nach §§ 280 I, 631 II (das Schuldverhältnis ist hier der Werkvertrag), 241 II BGB in Betracht.

Es wäre hier ggfs. dann nach der Art des Schadens zum Anspruch aus §§ 280 I, III, 282 BGB abzugrenzen; dazu später.

Bei einigen Schuldverhältnissen kommt von vornherein nur eine Pflicht nach § 241 II BGB in Betracht. 63

So stellen § 311 II und III BGB klar, dass die dort genannten Schuldverhältnisse, die auch Anknüpfungspunkt für einen Anspruch aus § 280 I BGB sein können (vgl. Sie oben), nur Pflichten i.S.d. § 241 II BGB beinhalten. Das erklärt sich daraus, dass § 311 II, III vorvertragliche Schuldverhältnisse regeln. Da Leistungsansprüche aber erst durch die Abgabe der Willenserklärungen, die auf den Vertragsschluss gerichtet sind, begründet werden, kommen denknotwendig im vorvertraglichen Bereich auch noch keine Leistungspflichtverletzungen in Betracht.

Problematisch kann an dem Prüfungspunkt Pflichtverletzung sein, ob auch im Rahmen der Pflichtverletzung ein Handeln des Erfüllungsgehilfen nach § 278 S.1 BGB zurechenbar ist. Denn § 278 S.1 BGB spricht allein vom „Verschulden" des Erfüllungsgehilfen, dass dem Schuldner über § 278 S.1 BGB zugerechnet wird. Daher würde man eigentlich denken, § 278 BGB wäre erst beim Vertretenmüssen anzusprechen. 64

Aber ein Verschulden im Sinne von Vorsatz und Fahrlässigkeit ist begrifflich ohne eine objektive Pflichtverletzung gar nicht denkbar. Denn Vorsatz bedeutet Wissen und Wollen, Fahrlässigkeit bedeutet Vorhersehbarkeit und Vermeidbarkeit der rechtswidrigen Pflichtverletzung.

Damit wird § 278 S.1 BGB auch auf die Zurechnung von Pflichtverletzungen des Erfüllungsgehilfen an den Schuldner angewandt. Vertretbar ist es dann, die Punkte II und III zusammen zu prüfen und von einer „zu vertretenden Pflichtverletzung" zu sprechen.

III. Vertretenmüssen, § 280 I S.2 BGB

Der Schuldner muss die objektive Pflichtverletzung auch zu vertreten haben. Was der Schuldner zu vertreten hat, regelt **§ 276 I S.1 BGB**. 65

hemmer-Methode: Bleiben Sie hier streng am Gesetzeswortlaut des § 280 I S.2 BGB und sprechen Sie nicht von Verschulden. Zwar hat der Schuldner ein Verschulden, also Vorsatz und Fahrlässigkeit, grundsätzlich zu vertreten.

Wie sich aus § 276 I S.1 BGB ergibt, kann sich jedoch aus dem Schuldverhältnis sowohl eine strengere als auch eine mildere Haftung ergeben.

Nach § 276 I S.1 BGB hat der Schuldner grundsätzlich Vorsatz und jede Form von Fahrlässigkeit zu vertreten, soweit sich nicht aus dem Schuldverhältnis eine strengere Haftung (insbesondere bei Übernahme einer Garantie oder des Beschaffungsrisikos) oder eine mildere Haftung (insbesondere bei einer Haftungsbeschränkung z.B. auf grobe Fahrlässigkeit und Vorsatz) ergibt.

Zu beachten ist, dass ein Ausschluss der Haftung des Schuldners für Vorsatz gemäß § 276 III BGB nicht möglich ist. Jedoch ist bezüglich Erfüllungsgehilfen (§ 278 S.1 Alt.2 BGB) und gesetzlichen Vertretern (§ 278 S.1 Alt.1 BGB) der Ausschluss der Haftung für Vorsatz möglich, da bei diesen gemäß § 278 S. 2 BGB die Vorschrift des § 276 III BGB keine Anwendung findet.

Aus der Formulierung des § 280 I S.2 BGB „...gilt nicht, wenn...nicht zu vertreten hat" ergibt sich, dass das Vertretenmüssen des Schuldners beim Vorliegen der objektiven Pflichtverletzung nach § 280 I S.1 BGB widerleglich vermutet wird. 66

Diese Vermutung hat vor allem prozessuale Relevanz. Im Prozess ist es grundsätzlich so, dass jede Partei das beweisen muss, was ihr günstig ist, es sei denn, aus dem materiellen Recht (also hier aus den Vorschriften des BGB) ergibt sich eine andere Verteilung der Beweislast.

Im Fall des § 280 I S.1 BGB ist es so, dass die Partei, die den Schadensersatzanspruch stellt, das Vorliegen des Schuldverhältnisses und das Vorliegen einer objektiven Pflichtverletzung beweisen muss.

Das Vertretenmüssen ist im Rahmen des § 280 I BGB auch Anspruchsvoraussetzung und müsste nach der allgemeinen Regel, das derjenige das beweisen muss, was ihm günstig ist, eigentlich auch von der anspruchsstellenden Partei bewiesen werden.

Wenn in der Anspruchsnorm des § 280 I S.1 BGB formuliert wäre „Verletzt der Schuldner eine Pflicht aus dem Schuldverhältnis und hat er diese Pflichtverletzung zu vertreten, so kann...", dann müsste auch hier der Anspruchsteller das Vertretenmüssen beweisen.

Weil aber § 280 I S.2 BGB negativ formuliert ist, wird das Vertretenmüssen bei Vorliegen von Schuldverhältnis und objektiver Pflichtverletzung vermutet.

Hier muss der Anspruchsgegner beweisen, dass er die objektive Pflichtverletzung nicht zu vertreten hat (vgl. aber § 619a BGB, der zugunsten des Arbeitnehmers wiederum eine Beweislastumkehr beinhaltet).

Für die Klausur heißt das, dass Sie nach der Prüfung von 67 Schuldverhältnis und objektiver Pflichtverletzung auch kurz darauf hinweisen müssen, dass bei Vorliegen dieser beiden Tatbestandsmerkmale das Vertretenmüssen widerleglich vermutet wird.

Wenn der Sachverhalt Hinweise auf ein Vertretenmüssen des Schuldners, also Hinweise auf Vorsatz, Fahrlässigkeit, eine Haftungsmilderung oder eine Haftungsverschärfung enthält, müssen Sie aber das Vertretenmüssen des Schuldners prüfen.

Dann gehen Sie quasi so vor, als hätte der Anspruchsgegner im Prozess Beweismittel für sein Nicht-Vertretenmüssen vorgebracht.

hemmer-Methode: Eine Vermutung (wie die in § 280 I S.2 BGB hinsichtlich des Vertretenmüssens) ist, anders als eine Fiktion, gemäß § 292 S.1 ZPO grundsätzlich widerleglich, es sei denn, das Gesetz schreibt ein anderes vor.
Das bedeutet, dass der Beweis des Gegenteils zulässig ist.
Deshalb spricht man auch von widerleglicher Vermutung. 68
Bei einer Fiktion ist es so, dass bei Vorliegen der Tatbestandsvoraussetzungen der Beweis des Gegenteils nicht zulässig ist, unabhängig von der wirklichen Lage. Es liegt quasi eine „gesetzliche Lüge“ vor. Beispiele für eine Fiktion: §§ 892 I S.1, 1138 BGB, § 739 I ZPO.

IV. Rechtsfolge

Rechtsfolge des § 280 I BGB ist, dass der Schuldner den 69 durch die Pflichtverletzung adäquat kausal verursachten Schaden ersetzen muss.

D. Ersatz des Verzögerungsschadens nach §§ 280 I, II, 286 BGB

Voraussetzungen für den Ersatz des Verzögerungsschadens nach §§ 280 I, II, 286 BGB 70

1. Bestehen eines Schuldverhältnisses
2. Nichtleistung trotz Fälligkeit als Pflichtverletzung
3. Vertretenmüssen des Schuldners, § 280 I S.2 BGB
4. § 280 II zusätzliche (!) Voraussetzungen des § 286 BGB:
   a. Möglichkeit
   b. Einredefreiheit
   c. Mahnung oder Ausnahmen nach § 286 II, III BGB

⇨ **RECHTSFOLGE:** Ersatz des durch den Verzug entstandenen Schadens.

hemmer-Methode: Dieses Aufbauschema ist nicht zwingend, ist aber vielleicht am einfachsten zu merken und anzuwenden. Ausgehend von den Voraussetzungen des § 280 I BGB, die zuerst geprüft werden, folgen dann die besonderen Voraussetzungen, die §§ 280 II, 286 BGB aufstellen. Der in § 286 geregelte Verzug ist definiert als die schuldhafte Nichtleistung trotz Fälligkeit, Möglichkeit, Mahnung und Einredefreiheit. Da die Punkte „Vertretenmüssen" sowie „Nichtleistung trotz Fälligkeit" ja bereits im Grundtatbestand des § 280 I BGB anzusprechen sind, reduziert sich die Prüfung im Folgenden dann auf die Punkte „Möglichkeit, Einredefreiheit" und „Mahnung".
Fälle zum Ersatz des Verzögerungsschadens finden Sie bei Hemmer/Wüst, Die 55 wichtigsten Fälle Schuldrecht AT, Fälle 21 bis 24 sowie Fall 27 und Fall 30.

Eine Pflichtverletzung i.S.d. § 280 I S.1 BGB liegt auch dann vor, wenn der Schuldner in zeitlicher Hinsicht hinter seinen Leistungspflichten aus dem Schuldverhältnis nach § 241 I BGB zurückbleibt, d.h. trotz Fälligkeit nicht leistet. 71

Jedoch genügt für einen Schadensersatz wegen Verzögerung der Leistung nach der Gesetzessystematik nicht die bloße Verspätung der Leistung.

Dies stellt § 280 II BGB klar, wenn darin formuliert wird, dass der Gläubiger den Ersatz des Verzögerungsschadens nur unter den **zusätzlichen** Voraussetzungen des § 286 BGB fordern kann.

hemmer-Methode: Zitieren Sie die Anspruchsgrundlage des Verzögerungsschadens vollständig. Da auch beim Verzögerungsschaden die Grundnorm des § 280 I BGB mitzitiert werden muss, ist die richtige Anspruchsgrundlage §§ 280 I, II, 286 BGB.

I. Schuldverhältnis i.S.d. § 280 I S.1 BGB

Hinsichtlich des Vorliegens eines Schuldverhältnisses gilt das zu § 280 I BGB Ausgeführte unter Rn. 60 entsprechend. 72

II. Nichtleistung als Pflichtverletzung i.S.d. § 280 I S.1 BGB

Hier ist zu prüfen, ob der Schuldner (noch) nicht geleistet hat, d.h. der Zeitpunkt der Fälligkeit überschritten wurde, ohne dass die Leistung erbracht wurde. 73

Fälligkeit bezeichnet den Zeitpunkt, von dem ab der Gläubiger die Leistung verlangen kann.

Sofern keine Vereinbarung hinsichtlich der Fälligkeit getroffen wurde, kann der Gläubiger gemäß § 271 I BGB die Leistung sofort, d.h. mit dem Zeitpunkt des Entstehens des Anspruchs, verlangen.

hemmer-Methode: Der gesetzliche Regelfall hinsichtlich der Fälligkeit ist nach § 271 I BGB also sofortige Fälligkeit.

Sonderregeln zu § 271 I BGB hinsichtlich der Fälligkeit enthalten aber unter anderem §§ 556b I, 579, 587, 604, 608, 614, 641 und 721 BGB.

Wird durch Vereinbarung der Anspruch gestundet, so ist er nicht fällig und Schuldnerverzug scheidet aus. Stundung bedeutet, dass die Fälligkeit der Forderung hinausgeschoben wird, während die Erfüllbarkeit, d.h. der Zeitpunkt, ab dem der Schuldner leisten darf, bestehen bleibt.

III. Vertretenmüssen i.S.d. § 280 I S.2 BGB

Auch im Rahmen des Verzögerungsschadens wird das Vertretenmüssen widerleglich vermutet. Insoweit gilt das zu § 280 I BGB unter Rn. 65 Gesagte entsprechend. *74*

IV. Schuldnerverzug nach §§ 280 II, 286 BGB als bes. Voraussetzung des Verzögerungsschadens

1. Möglichkeit

Unmöglichkeit und Nichtleistung schließen sich gegenseitig aus. Liegt Unmöglichkeit gem. § 275 BGB vor, kann der Schuldner nicht mehr leisten, so dass man ihm auch einen entsprechenden Vorwurf nicht machen kann. *75*

Dabei ist jedoch zu beachten, dass die verdrängende Wirkung nur ex nunc eingreift. Befindet sich also der Schuldner in Verzug und tritt Unmöglichkeit danach ein, endet zwar der Verzug, aber nicht mit ex-tunc Wirkung.

D.h., dass bis dahin aufgelaufene Verzögerungsschäden über §§ 280 I, II, 286 ersetzbar bleiben. Für sämtliche danach auftretenden Schäden ist dann §§ 280 I, III, 283 BGB „zuständig". *76*

Wichtig im Rahmen dieser Anspruchsgrundlage wird dann § 287 S.2 BGB. Während des Verzugs haftet der Schuldner auch für Zufall, d.h. verschuldensunabhängig. Auch wenn der Schuldner also die Unmöglichkeit nicht schuldhaft herbeigeführt hat, haftet er auf Schadensersatz, weil er die Unmöglichkeit gleichwohl zu vertreten hat, § 276 I S.1 („strengere Haftung aus Gesetz"). *77*

Anmerkung: Dazu Hemmer/Wüst, Die 55 wichtigsten Fälle Schuldrecht AT, Fall 25.

hemmer-Methode: Beachten Sie an dieser Stelle insbesondere den oben bereits angesprochenen Sonderfall der zeitlichen Unmöglichkeit beim sog. absoluten Fixgeschäft. Auch bei diesem gilt: Ab dem Zeitpunkt des Eintritts der Unmöglichkeit gibt es keinen Primäranspruch, folglich ist auch kein Schuldnerverzug möglich. Anders ist dies beim relativen Fixgeschäft, bei dem keine zeitliche Unmöglichkeit eintritt.

2. Einredefreiheit des Anspruchs

Der Schuldnerverzug besteht nur dann, wenn dem wirksamen Anspruch des Gläubigers keine Einrede des Schuldners entgegensteht. 78

Eine **Einrede** ist ein **subjektives Recht**, das dem Berechtigten die Möglichkeit gibt, die **Durchsetzung eines Anspruchs zu hindern, ohne den Anspruch zu zerstören**. Es handelt sich also um ein **negatives Gestaltungsrecht**. Im Prozess wird eine Einrede nur berücksichtigt, wenn sich der Berechtigte ausdrücklich darauf beruft. 79

Dauerhafte (= peremptorische) Einreden wie z.B. die Einrede der Verjährung nach § 214 BGB oder die Bereicherungseinrede nach § 821 BGB stehen dem Anspruch dauerhaft entgegen, während vorübergehende (= dilatorische) Einreden die Geltendmachung des Anspruchs nur solange hindern, wie das betreffende Hindernis besteht (z.B. Einrede der Stundung oder Einrede der Vorausklage des Bürgen nach § 771 BGB).

Grundsätzlich wirkt im Rahmen des Schuldnerverzugs aber bereits das Bestehen der Einrede – also unabhängig von der Geltendmachung der Einrede – verzugshindernd.

Denn wäre im Rahmen des Schuldnerverzugs immer auf den Zeitpunkt des Erhebens der Einrede durch den Schuldner abzustellen, müsste der Schuldner sofort bei Fälligkeit bzw. Mahnung die Einrede erheben, um nicht für den Zeitraum bis zur Erhebung der Einrede den Verzögerungsschaden nach §§ 280 I, II, 286 BGB ersetzen zu müssen.

Deshalb wirkt allein das Vorliegen der Voraussetzungen der Einrede gegen den fraglichen Anspruch verzugsausschließend.

Besonderheiten gelten jedoch bei §§ 273, 1000 BGB. Diese Zurückbehaltungsrechte begründen beide ebenfalls eine Einrede. 80

Bei § 273 BGB und § 1000 BGB genügt jedoch nicht das Vorliegen der Voraussetzungen. Bei diesen Vorschriften muss die Einrede tatsächlich erhoben werden, um verzugsausschließend zu wirken.

Denn bei den Einreden der §§ 273, 1000 BGB besteht die Besonderheit nach § 273 III S.1 BGB, der als allgemeine Vorschrift auch auf den Sonderfall des § 1000 BGB anwendbar ist, dass der Gläubiger die Ausübung des Zurückbehaltungsrechts durch Sicherheitsleistung abwenden kann.

Wenn aber das Zurückbehaltungsrecht in dieser Weise abgewendet wird, besteht auch keine Einrede nach §§ 273, 1000 BGB mehr.

Würde nun das Vorliegen der Voraussetzungen der §§ 273, 1000 BGB bereits verzugsausschließend und damit für den Gläubiger nachteilig wirken, hätte dieser nicht die Möglichkeit, durch Sicherheitsleistung auf die Erhebung der Einreden durch den Schuldner zu reagieren, da eine solche Erhebung ja gerade nicht erforderlich wäre. Der Gläubiger müsste sofort Sicherheit leisten; dies widerspricht aber dem Charakter des § 273 III BGB als Reaktionsmöglichkeit des Gläubigers auf die Einredeerhebung.

Deshalb wirken die Einreden der §§ 273, 1000 BGB erst ab dem Zeitpunkt ihrer Erhebung verzugsausschließend.

Für § 320 BGB gilt das zu §§ 273, 1000 BGB Gesagte nicht.

§ 320 BGB gewährt zwar – wie §§ 273, 1000 BGB auch – ein Zurückbehaltungsrecht. Die Abwendungsmöglichkeit durch Sicherheitsleistung aber, die bei §§ 273, 1000 BGB Grund für die Besonderheit der Verzugsausschließung erst ab Erhebung der Einrede ist, gilt bei § 320 BGB gemäß § 320 I S.3 BGB nicht. Bei § 320 BGB gilt also, dass bereits das Bestehen der Einrede verzugsausschließend wirkt.

Anmerkung: Zur Einredefreiheit der Forderung in der Fallprüfung Hemmer/Wüst, Die 55 wichtigsten Fälle Schuldrecht AT, Fälle 27 und 28.

3. Mahnung oder Entbehrlichkeit der Mahnung

a) Die Mahnung

Die Mahnung ist gemäß § 286 I S.1 BGB ausdrückliche Voraussetzung des Schuldnerverzugs. 81

Die **Mahnung** ist eine **einseitige, empfangsbedürftige Aufforderung** des Gläubigers an den Schuldner, die Leistung zu erbringen.

Die Mahnung ist kein Rechtsgeschäft, sondern eine **rechtsgeschäftsähnliche Handlung**. Es finden jedoch die Vorschriften über Rechtsgeschäfte und Willenserklärungen entsprechende Anwendung.

Die Mahnung dient dem Schutz des Schuldners, dem noch einmal verdeutlicht werden soll, dass er durch weiteres Nichtleisten seine Position verschlechtert.

Der Wortlaut des § 286 I S.1 BGB deutet an, dass die Mahnung nach Fälligkeit der Leistung erfolgen muss. Jedoch ist auch ausreichend, dass die Mahnung mit der Fälligkeit zeitlich zusammenfällt.

Die Mahnung mit der darin enthaltenen **Leistungsaufforderung muss eindeutig und hinreichend bestimmt sein**. Aus der Mahnung muss sich eindeutig ergeben, welche Leistung der Gläubiger erwartet. Eine besondere Form ist dabei nicht vorgeschrieben. 82

Zu beachten ist, dass die Mahnung bedingungsfeindlich ist. Damit ist eine Mahnung unter einer Bedingung nach § 158 BGB nicht hinreichend bestimmt genug.

Stehen dem Gläubiger gegen den Schuldner mehrere Forderungen zu, so muss der Gläubiger klarstellen, welche Forderung er anmahnt, damit eine hinreichende Bestimmtheit der Mahnung gewahrt ist.

Der Mahnung steht gemäß § 286 I S.2 BGB die Erhebung der Leistungsklage durch den Gläubiger sowie die Zustellung des Mahnbescheids im Mahnverfahren (§ 693 ZPO) gleich. Die Erhebung der Klage geschieht durch Zustellung der Klageschrift durch das Gericht an den Beklagten, § 253 I ZPO.

b) Entbehrlichkeit der Mahnung

In § 286 II und III BGB sind Fälle geregelt, in denen die Mahnung ausnahmsweise entbehrlich ist. 83

Nach **§ 286 II Nr. 1 BGB** bedarf es einer Mahnung nicht, wenn für die Leistung eine Zeit nach dem Kalender bestimmt ist. Dazu ist erforderlich, dass ein **bestimmter Kalendertag als Leistungszeitpunkt unmittelbar oder mittelbar festgelegt** ist.

Bspe.:

⇨ *Lieferung am 10. Dezember 2005, Lieferung an Silvester 2005 etc. = unmittelbare Festlegung des Leistungszeitpunkts.*

⇨ *3 Wochen nach Pfingsten 2005, Ende Januar 2005 = mittelbare Festlegung des Leistungszeitpunkts.*

Die bloße Berechenbarkeit der Leistungszeit reicht aber nicht aus. So genügt z.B. „3 Wochen nach Lieferung" nicht, da hier die Zeit nach dem Kalender nicht bestimmt ist, weil der Zeitpunkt der Lieferung nicht feststeht.

Nach **§ 286 II Nr. 2 BGB** bedarf es der Mahnung nicht, wenn der Leistung ein **Ereignis voranzugehen** hat und die angemessene **Leistungszeit vom Zeitpunkt des Ereignisses** nach dem Kalender **berechnet** werden kann. *84*

Zu beachten ist, dass hierzu zum einen eine vertragliche Vereinbarung erforderlich ist und zum anderen, dass der vereinbarte Zeitraum zwischen Ereignis und Leistungszeit **angemessen** sein muss.

Welcher Zeitraum angemessen ist, ist von dem jeweiligen Einzelfall abhängig. Nicht möglich ist aber jedenfalls eine Reduzierung dieses Zeitraums auf Null.

Bspe.: *Hierunter fällt z.B. „2 Wochen nach Lieferung" (nicht aber unter § 286 II Nr. 1 BGB). Nicht angemessen ist aber „sofort nach Lieferung".*

Nach **§ 286 II Nr. 3 BGB** ist eine Mahnung entbehrlich, wenn der **Schuldner die Leistung ernsthaft und endgültig verweigert**. An die ernsthafte und endgültige Verweigerung sind, dem Wortlaut entsprechend, strenge Anforderungen zu stellen. **Der Schuldner muss das „letzte Wort" gesprochen haben**. *85*

hemmer-Methode: Diese ernsthafte und endgültige Leistungsverweigerung ist inhaltsgleich mit den – im Übrigen auch wortgleichen – Anforderungen des § 281 II Alt.1 BGB und des § 323 II Nr. 1 BGB.

Nicht ausreichend sind daher z.B. die bloße Äußerung rechtlicher Zweifel oder die Erklärung, dass der Übergabetermin nicht eingehalten werden könne.

Wie immer ist darüber hinaus eine generelle Festlegung nicht möglich. Vor dem Hintergrund der strengen Anforderungen an die Ernsthaftigkeit und Endgültigkeit ist jeder Einzelfall gesondert zu prüfen.

Nach **§ 286 II Nr. 4 BGB** ist eine Mahnung auch entbehrlich, wenn besondere Gründe unter Abwägung der beiderseitigen Interessen den sofortigen Verzugseintritt rechtfertigen. *86*

Trotz der Weite der Formulierung ist § 286 II Nr. 4 BGB nicht als eine Generalklausel zu verstehen. Ansonsten würde die Regel, dass grundsätzlich eine Mahnung vorliegen muss, zur Ausnahme.

Vielmehr sind auch an § 286 II Nr. 4 BGB strenge Voraussetzungen zu stellen. Von der Rechtsprechung entwickelte, aber nichtabschließende Fallgruppen des § 286 II Nr. 4 BGB sind:

⇨ Selbstmahnung, d.h., wenn der Schuldner die baldige Leistung selbst angekündigt hat, jedoch nicht leistet.

⇨ Wenn der Schuldner um die fehlerhafte Leistung weiß, die geschuldete Leistung aber trotzdem nicht erbringt.

⇨ Bei besonderer Dringlichkeit der Leistung bereits nach dem Inhalt des Vertrags, z.B. bei einem Wasserrohrbruch.

⇨ Bei Verhinderung einer Mahnung durch den Schuldner.

⇨ Wenn der Schuldner zur Herausgabe einer Sache verpflichtet ist, die er durch unerlaubte Handlung entzogen hat.

hemmer-Methode: Bei der letzten Fallgruppe gilt der lateinische Merksatz „fur semper in mora“, der Dieb ist immer in Verzug.
Zu verschiedenen Konstellationen der Entbehrlichkeit der Mahnung vgl. Sie Hemmer/Wüst, Die 55 wichtigsten Fälle Schuldrecht AT, Fälle 22 bis 24.

Nach **§ 286 III S.1 BGB** kommt der **Schuldner einer Entgeltforderung** spätestens in Verzug, wenn er nicht innerhalb von 30 Tagen nach Fälligkeit und Zugang einer Rechnung oder einer gleichwertigen Zahlungsaufstellung leistet. *87*

Die Formulierung „spätestens“ in § 286 III S.1 BGB macht deutlich, dass auch vorher Schuldnerverzug eintreten kann, wenn eine Mahnung nach § 286 I BGB vorlag oder diese nach § 286 II BGB entbehrlich war.

hemmer-Methode: Bei der Forderung nach § 286 III S.1 BGB muss es sich um eine Geldforderung handeln. Diese Geldforderung muss ein Entgelt für eine Leistung des Gläubigers darstellen, also eine Gegenleistung.

§ 286 III S.1 BGB entbindet aber bei Entgeltforderungen lediglich von dem Erfordernis der Mahnung. Die übrigen Voraussetzungen des Schuldnerverzugs müssen auch in dem Fall des § 286 III S.1 BGB noch vorliegen. *88*

§ 286 III S.1 Hs.1 BGB gilt gemäß § 286 III S.1 Hs. 2 BGB aber gegenüber einem Schuldner, der Verbraucher i.S.d. § 13 BGB ist, nur, wenn der Unternehmer in der Rechnung gesondert auf die Folgen des § 286 III S.1 Hs.1 BGB hinweist.

Anmerkung: Dazu Hemmer/Wüst, Die 55 wichtigsten Fälle Schuldrecht AT, Fall 29.

4. Vertretenmüssen nach § 286 IV BGB

Das in § 286 IV BGB normierte Vertretenmüssen des Schuldners wurde im Rahmen eines Schadensersatzanspruchs nach §§ 280 I, II, 286 BGB **bereits im Rahmen des § 280 I S.2 BGB geprüft**. *89*

Da § 280 II BGB nur auf die zusätzlichen Voraussetzungen des § 286 BGB verweist, also auf die, die nicht bereits in § 280 I BGB geregelt sind, ist eine **erneute Prüfung des Vertretenmüssens nicht erforderlich**.

5. Ersatzfähiger Schaden

Nach §§ 280 I, II, 286 BGB ist nur der Schaden ersatzfähig, der adäquat kausal auf der relevanten Pflichtverletzung, d.h. hier auf der Verzögerung beruht. *90*

Zur Wiederholung: Dieser Anspruch auf den Verzögerungsschaden tritt – als Begleitschaden – neben den Anspruch auf die Primärleistung.

Bsp.: *A hat bei B einen gebrauchten Pkw gekauft. Da nach mehreren Wochen B noch nicht geliefert hat, schaltet A seinen Anwalt ein, der den B schriftlich zur Erfüllung seiner Verpflichtungen aus § 433 I S.1 BGB mahnt. A möchte von B die Anwaltskosten ersetzt verlangen.* 91

Wie eben ausgeführt, ist nach §§ 280 I, II, 286 BGB nur der Verzögerungsschaden zu ersetzen, d.h. der Schaden, der auf dem Schuldnerverzug nach § 286 BGB beruht. Hier kam B durch die Mahnung in Schuldnerverzug, da alle übrigen Voraussetzungen des § 286 BGB vorlagen.

Das heißt aber, dass die Mahnung erst den Schuldnerverzug begründete. Die Kosten für die Erstellung der Erstmahnung durch den Rechtsanwalt beruhen daher nicht kausal auf dem Schuldnerverzug, sondern entstanden zeitlich vorher. A hat daher gegen B keinen Anspruch aus §§ 280 I, II, 286 BGB auf Ersatz der Rechtsanwaltskosten.

E. Schadensersatz statt der Leistung gemäß §§ 280 I, III, 281 BGB

Voraussetzungen für den Anspruch auf Schadensersatz statt der Leistung gemäß §§ 280 I, III, 281 BGB 92

1. Bestehen eines Schuldverhältnisses

2. Nichtleistung trotz Fälligkeit als Pflichtverletzung

3. Vertretenmüssen des Schuldners, § 280 I S.2 BGB

4. Besondere Voraussetzungen nach § 281:

- **a.** Fällige und wirksame Leistungspflicht, insbesondere Möglichkeit der Leistung
- **b.** Fristsetzung nach § 281 I S.1 BGB bzw. Entbehrlichkeit der Fristsetzung nach § 281 II BGB
- **c.** Erfolgloser Ablauf der Frist nach § 281 I S.1 BGB
- **d.** Im gegenseitigen Vertrag: Eigene Vertragstreue

⇨ **RECHTSFOLGE:** Ersatz des Schadens, der durch die Nichtleistung bzw. durch die nicht wie geschuldet erbrachte Leistung entstanden ist.

hemmer-Methode: Wie immer ist auch dieses Prüfungsschema nicht zwingend. Es hat jedoch den Vorteil, dass Sie grundsätzlich auf das Prüfungsschema zu § 280 I BGB zurückgreifen können, wobei Sie auf den richtigen Anknüpfungspunkt für die Pflichtverletzung achten müssen, und dann nur noch die Besonderheiten des § 281 BGB „anhängen".

I. Vorliegen eines Schuldverhältnisses und Vertretenmüssen

Hinsichtlich dieser Prüfungspunkte gilt das oben zur Prüfung des § 280 I BGB Gesagte entsprechend. Hinsichtlich des Vertretenmüssens ist jedoch darauf abzustellen, warum der Schuldner innerhalb der gesetzten Frist die Leistung nicht erbracht hat. Ist die Fristsetzung entbehrlich (§ 281 II BGB), ist das Vertretenmüssen im Hinblick auf die Umstände zu prüfen, welche zur Entbehrlichkeit geführt haben. *93*

hemmer-Methode: Belasten Sie sich nicht unnötig mit dem Auswendiglernen von Prüfungsschemata. Die meisten davon ergeben sich sowieso aus dem Gesetzeswortlaut. Wenn Sie sich etwas merken, dann Grundstrukturen, auf die Sie dann zurückgreifen können. Nur so haben Sie in der Klausur die nötige geistige Frische, auf die Besonderheiten des jeweiligen Falles abstellen zu können und kramen nicht in Ihrer „Festplatte" nach Prüfungspunkt X irgendeines auswendig gelernten Schemas.

II. Nichterbringung bzw. Erbringung nicht wie geschuldet als Pflichtverletzung i.S.d. § 280 I S.1 BGB

Die Nichtleistung i.S.d. § 281 I S.1 Alt.1 BGB erklärt sich schon dem Wort nach. *94*

Leistung „nicht wie geschuldet" i.S.d. § 281 I S.1 Alt.2 BGB meint insbesondere die Schlechtleistung, welche im Skript „Grundwissen Schuldrecht BT" behandelt wird.

hemmer-Methode: Die Zuwenigleferung ist als mengenmäßige oder qualitative Abweichung kein Fall des § 281 I S.1 Alt.2 BGB, sondern ein Fall der teilweisen Nichtleistung nach § 281 I S.1 Alt .1 BGB. Dies ergibt sich aus dem klaren Wortlaut des § 281 I S.1 Alt.1 BGB, der auch von Nichtleistung spricht, „soweit" der Schuldner die Leistung nicht erbringt.

Von Bedeutung ist diese Unterscheidung für die Frage der Voraussetzungen des Schadensersatzes statt der ganzen Leistung nach § 281 I S.2 bzw. S. 3 BGB. Dabei ist dann aber wichtig, zu § 434 III BGB abzugrenzen. Dieser gilt nach h.M. nur für die verdeckte Zuweniglieferung. Greift er aber ein, gilt über § 437 Nr.3 im Schuldrecht AT dann aber § 281 I S.1 Alt.2 BGB, so dass der Schadensersatz statt der ganzen Leistung von § 281 I S.3 BGB abhängt.

III. Fällige und wirksame Leistungspflicht, § 281 I S.1 BGB, insbesondere keine Unmöglichkeit nach § 275 BGB

Die Anwendbarkeit des § 281 BGB setzt nach § 281 I S.1 BGB einen fälligen und durchsetzbaren (!) Leistungsanspruch des Gläubigers voraus. 95

§ 281 BGB gilt damit nur für leistungsbezogene Pflichten, auf deren Erbringung der Gläubiger einen Primäranspruch hat.

Für das Merkmal der Fälligkeit der Leistung gilt das zu § 286 BGB unter Rn. 78 Gesagte entsprechend.

Die Leistungspflicht muss ferner auch wirksam sein, wovon § 281 BGB – ungeschrieben – ausgeht. Dass die Leistungspflicht im Synallagma steht, ist hingegen nicht erforderlich.

Das Kriterium der wirksamen Leistung grenzt den Schadensersatzanspruch statt der Leistung gemäß §§ 280 I, III, 281 BGB auch von dem Schadensersatzanspruch statt der Leistung gemäß §§ 280 I, III, 283 BGB ab.

Denn wenn die Leistungspflicht gemäß § 275 I bis III BGB ausgeschlossen ist, fehlt es an einer wirksamen Leistung. Sobald die Leistung aber unmöglich wird, ist nicht mehr § 281 BGB, sondern § 283 BGB anwendbar.

IV. Fristsetzung nach § 281 I S.1 BGB oder Entbehrlichkeit nach § 281 II BGB

1. Fristsetzung nach § 281 I S.1 BGB

Der Anspruch nach §§ 280 I, III, 281 BGB setzt grundsätzlich voraus, dass der Gläubiger dem Schuldner eine angemessene Frist zur Leistung oder Nacherfüllung bestimmt hat. 96

Auf **welche Handlung** des Schuldners sich diese Fristsetzung beziehen muss, **hängt maßgeblich von der Pflichtverletzung des Schuldners ab**. Hat der Schuldner beispielsweise nur eine Teilleistung (Zuweniglieferung) erbracht, ist die Fristsetzung auf die Erbringung des Lieferungsrestes zu beziehen. Hat der Schuldner ein aliud geliefert, muss die Frist auf die Leistung des richtigen Leistungsgegenstandes bezogen werden. **Erforderlich ist also die Setzung einer Frist zur** Beseitigung **der konkreten Pflichtverletzung des Schuldners**.

Bei der Fristsetzung handelt es sich – wie übrigens auch bei der Mahnung, vgl. Sie oben – um eine rechtsgeschäftsähnliche Handlung, auf welche die Vorschriften über die Willenserklärung der §§ 104 ff. BGB entsprechende Anwendung finden. Die Erklärung ist einseitig und empfangsbedürftig.

Hinsichtlich des **Inhalts der Fristsetzung** sagt der 97
§ 281 I S.1 BGB nichts aus. Aus Schuldnerschutzgründen ist zu fordern, dass der **Gläubiger dem Schuldner die jeweilige Pflichtverletzung mitteilt, an die er die Fristsetzung knüpft**. Die Wahrung einer bestimmten Form ist allerdings nicht erforderlich.

Der Gläubiger hat den Schuldner in eindeutiger Weise zur Leistung bzw. zur Vervollständigung der teilweise erbrachten Leistung aufzufordern. Nicht nötig ist jedoch, dass der Gläubiger dem Schuldner zu erkennen gibt, dass bei fruchtlosem Ablauf der gesetzten Frist dieser mit Schadensersatzansprüchen zu rechnen habe.

Ferner muss die Frist nach dem ausdrücklichen Wortlaut 98
angemessen sein.

Die Angemessenheit bestimmt sich nach objektiven Maßstäben. Zu berücksichtigen sind Art und Rechtsnatur des Rechtsgeschäftes.

Dabei muss die Frist aber nur solange bemessen sein, dass eine bereits angefangene Leistung beendet werden kann. Nicht notwendig ist, dass der Schuldner in der fraglichen Frist die Zeit hat, überhaupt erst mit der Leistung zu beginnen und sie dann noch vollenden zu können.

hemmer-Methode: Bei der Frage der Angemessenheit der Frist kommt es vor allem darauf an, sich mit dem konkreten Einzelfall, d.h. mit den Angaben des Sachverhalts auseinander zusetzen.

Ist die gesetzte Frist unangemessen kurz, wird die Frist automatisch auf eine angemessene Zeit verlängert. Die Rechtsfolgen des § 281 BGB treten dann mit Ablauf der angemessenen Frist ein. 99

Für die Rechtsfolge einer automatisch angemessenen Frist muss aber überhaupt eine – unangemessen kurze – Frist gesetzt worden sein.

Nach herrschender Meinung beinhaltet der Begriff der Frist zumindest eine zukunftsbezogene Ausdrucksweise. Andererseits verlangt die Fristsetzung nicht nach der Benennung eines konkreten Zeitpunkts bis zum dem die Leistung zu erbringen ist. Wendungen wie „demnächst", „umgehend" oder „in den nächsten Tagen" reichen insbesondere nach der Rechtsprechung des BGH aus.

Die Regel der automatischen Verlängerung gilt ferner nicht, wenn in Allgemeinen Geschäftsbedingungen i.S.d. § 305 I S.1 BGB die unangemessen kurze Frist gesetzt wurde. Denn in diesem Fall wäre die Folge einer Verlängerung in eine angemessene Frist eine geltungserhaltende Reduktion. Eine solche geltungserhaltende Reduktion ist aber im Bereich der Allgemeinen Geschäftsbedingungen nach §§ 305 ff. BGB nicht zulässig.

2. Entbehrlichkeit der Fristsetzung nach § 281 II BGB

Die Fristsetzung ist nach § 281 II S.Alt.1 BGB entbehrlich, 100
wenn der Schuldner ernsthaft und endgültig die Leistung verweigert.

An diese Verweigerung sind strenge Anforderungen zu stellen. Der Schuldner muss das „letzte Wort" gesprochen haben. Es gilt das zu § 286 II Nr. 3 BGB Gesagte unter Rn. 85 entsprechend.

Die Fristsetzung ist weiter nach **§ 281 II Alt.2 BGB** entbehrlich, wenn besondere Umstände vorliegen, die unter Abwägung der beiderseitigen Interessen die sofortige Geltendmachung des Schadensersatzanspruchs rechtfertigen.

Letztlich ist § 281 II Alt.2 BGB eine besondere Ausprägung des § 242 BGB im Schuldverhältnis. Das bedeutet auch, dass jeweils eine konkrete Abwägung im Einzelfall vorzunehmen ist.

Negativ lässt sich § 281 II Alt.2 BGB aber dahingehend abgrenzen, dass darunter weder das absolute noch das relative Fixgeschäft fallen. 101

Anmerkung: Zu Erklärung der Begriffe absolutes und relatives Fixgeschäft wiederholen Sie noch einmal den Abschnitt im Rahmen der Unmöglichkeit unter Rn. 38, 39.

Denn bei einem absoluten Fixgeschäft liegt nach Ablauf der Leistungsfrist Unmöglichkeit i.S.d. § 275 I BGB vor. Damit gibt es also dann bereits keinen wirksamen Leistungsanspruch mehr, der aber Voraussetzung für § 281 BGB ist.

Ein relatives Fixgeschäft fällt aus systematischen Gründen auch nicht unter § 281 II Alt.2 BGB. Denn zum einen ist § 323 BGB hinsichtlich Fristsetzung und Entbehrlichkeit der Fristsetzung mit § 281 BGB vergleichbar und auch weitgehend identisch formuliert.

Während aber § 323 BGB in § 323 II Nr. 2 BGB das relative Fixgeschäft als ausdrücklichen Grund für eine Entbehrlichkeit der Fristsetzung nennt, ist dieser Entbehrlichkeitsgrund – bei Identität der Entbehrlichkeitsgründe im Übrigen – in § 281 II BGB nicht aufgenommen worden.

Zum anderen spricht § 376 HGB als Besonderheit des Handelsrechts gegen ein Ausweiten des § 281 II Alt.2 BGB auf relative Fixgeschäfte. Denn § 376 HGB sieht vor, dass der Anspruch auf Schadensersatz statt der Leistung beim relativen Fixgeschäft keiner besonderen Fristsetzung bedarf. § 376 HGB ist aber gerade eine Besonderheit des Handelsrechts. Das Handelsrecht als Sonderrecht der Kaufleute sieht Vereinfachungen im kaufmännischen Geschäftsverkehr vor. Würde die Entbehrlichkeit der Fristsetzung bei relativen Fixgeschäften generell gelten, wäre eine besondere Normierung in § 376 HGB überflüssig.

3. Abmahnung statt Fristsetzung nach § 281 III BGB

In einigen Fällen tritt an die Stelle der Fristsetzung die Abmahnung. Dies ist also kein Fall der Entbehrlichkeit der Fristsetzung, sondern an die Stelle der erforderlichen Fristsetzung tritt eine Abmahnung. 102

Dies ist nach § 281 III BGB der Fall, wenn nach der Art der Pflichtverletzung eine Fristsetzung unsinnig wäre.

Insbesondere wenn die Leistungspflicht nicht auf ein positives Tun, sondern auf ein Unterlassen des Schuldners gerichtet ist, macht eine Fristsetzung keinen Sinn. In diesem Fall kommt nur eine Abmahnung in Frage.

V. Erfolgloser Ablauf der gesetzten Frist, § 281 I S.1 BGB

Für den Regelfall, dass eine Frist erforderlich ist und dann 103
auch gesetzt wurde, muss die gesetzte angemessene Frist ablaufen, damit der Schuldner einen Schadensersatzanspruch statt der Leistung gemäß §§ 280 I, III, 281 BGB geltend machen kann.

Ein erfolgloser Ablauf ist dann gegeben, wenn der Schuldner die geschuldete Leistung innerhalb der Frist nicht erbringt bzw. wenn die nur teilweise erbrachte Leistung in der Frist nicht vervollständigt wird.

Für die Rechtzeitigkeit kommt es allein auf die Vornahme der Leistungshandlung an. Ob der Leistungserfolg noch innerhalb der Frist eintritt, ist unerheblich. Dies ist darin begründet, dass der Schuldner bereits durch die Leistungshandlung die Pflichtverletzung i.S.d. §§ 280 I S.1, 281 I S.1 BGB beseitigt.

VI. Im gegenseitigen Vertrag: Eigene Vertragstreue des Gläubigers

Als ungeschriebene Voraussetzung des Schadensersatzan- 104
spruches statt der Leistung nach §§ 280 I, III, 281 BGB im gegenseitigen Vertrag gilt, dass der Gläubiger nicht vertragswidrig handeln darf.

Handelt der Gläubiger vertragswidrig, können ihm Leistungsstörungsrechte gegen den Schuldner wegen einer Verletzung von dessen Leistungspflicht nicht zustehen. Dies wird aus dem Gegenseitigkeitsverhältnis im gegenseitigen Vertrag abgeleitet.

Dieser Prüfungspunkt wird aber selten relevant, weil wegen des vertragswidrigen Verhaltens des Gläubigers zumeist bereits andere Voraussetzungen wegfallen.

Zum Beispiel führt ein vertragswidriges Verhalten im Sinne einer Verweigerung der Gegenleistung bereits zu einer Einrede des Schuldners gemäß § 320 BGB.

Prüfen Sie also zunächst alle anderen Voraussetzungen genau, bevor Sie vorschnell auf die fehlende Vertragstreue des Gläubigers abstellen.

VII. § 281 IV BGB

Wenn alle genannten Voraussetzungen der §§ 280 I, III, 281 BGB vorliegen, d.h. wenn auch die gesetzte angemessene Frist abgelaufen bzw. entbehrlich ist, erlischt der ursprüngliche Erfüllungsanspruch noch nicht automatisch. *105*

hemmer-Methode: Halten Sie sich noch einmal vor Augen, dass sich der Primäranspruch (auf Erfüllung) und der Sekundäranspruch (auf Schadensersatz) grundsätzlich gegenseitig ausschließen.

Dies bestimmt § 281 IV BGB, worin festgelegt wird, dass der Anspruch auf Leistung, d.h. der Erfüllungsanspruch, erst ausgeschlossen ist, sobald der Gläubiger Schadensersatz statt der Leistung verlangt.

Dieses Verlangen des Gläubigers nach § 281 IV BGB ist eine einseitige, empfangsbedürftige rechtsgeschäftsähnliche Handlung, die Gestaltungswirkung hat.

Vor diesem Verlangen des Gläubigers bestehen Erfüllungsanspruch und Schadensersatzanspruch statt der Leistung eine Zeitlang nebeneinander im Verhältnis elektiver Konkurrenz. *106*

hemmer-Methode: Elektive Konkurrenz bedeutet, dass dem Gläubiger wahlweise mehrere, inhaltlich verschiedene Ansprüche zustehen. Sobald der eine Anspruch gewählt ist, erlischt grundsätzlich der andere, nicht gewählte Anspruch.

Wenn der Gläubiger sein Gestaltungsrecht nach § 281 IV BGB noch nicht ausgeübt hat, kann er auch den Erfüllungsanspruch, d.h. den Anspruch auf Leistung, noch einklagen.

Auch wenn der Gläubiger in dieser Zwischenzeit oder „Schwebelage“ noch den ursprünglichen Erfüllungsanspruch hat, bedeutet das nicht, dass er verpflichtet ist, ein Angebot des Schuldners anzunehmen.

Denn der Schuldner erbringt mit einem Erfüllungsangebot **nach** Ablauf der Frist i.S.d. § 281 I S.1 BGB nicht das, was das Schuldverhältnis von ihm verlangt.

Nach dem Inhalt des Schuldverhältnisses hätte der Schuldner innerhalb der Frist leisten müssen. Würde man dem Schuldner das Recht zugestehen, auch nach Fristablauf leisten zu dürfen, nähme man der Frist den Erfüllungsdruck. Die Frist verlöre dadurch ihre „schneidige" Wirkung.

Das bedeutet, dass der Gläubiger nach Fristablauf eine angebotene Leistung – in den Grenzen der Verwirkung des Gestaltungsrechts – zurückweisen darf.

hemmer-Methode: Für den Anfänger genügt es beim ersten Durchlesen zu verstehen, dass nach Fristablauf bis zum Verlangen i.S.d. § 281 IV BGB Erfüllungs- und Schadensersatzanspruch nebeneinander bestehen, der Gläubiger aber in dieser „Schwebelage" nur ein Recht auf Erfüllung, nicht aber die Pflicht zur Annahme eines Leistungsangebotes des Schuldners hat.

VIII. Ersatzfähiger Schaden

Zu ersetzen ist der Schadensersatz statt der Leistung. Dies 107
bedeutet unter Zugrundelegung der Differenzhypothese (vgl. Sie oben): Der Gläubiger ist so zu stellen, wie er stünde, wenn ordnungsgemäß erfüllt worden wäre.

Zu beachten ist aber, dass der Verzögerungsschaden, d.h. der Schaden, der eingetreten ist, weil nicht rechtzeitig erfüllt worden ist, nicht unter §§ 280 I, III, 281 BGB, sondern unter §§ 280 I, II, 286 BGB fällt.

IX. Sonderfall: Schadensersatz statt der <u>ganzen</u> Leistung gemäß § 281 I S.2 und S.3 BGB

Wie bereits unter Rn. 94 angesprochen, ist die Unterschei- 108
dung zwischen Nichterbringung der Leistung und Erbringung der Leistung nicht wie geschuldet bedeutsam für die Frage, ob der Schuldner Schadensersatz statt der <u>ganzen</u> Leistung gemäß § 281 I S.2 bzw. S. 3 BGB verlangen kann.

Zur Klarstellung: Diese Frage stellt sich nicht, wenn der Schuldner die ganze Leistung nicht erbracht hat. Dann kann der Gläubiger ohne Weiteres Schadensersatz statt der ganzen Leistung verlangen.
Wenn aber eine Teilleistung (§ 281 I S.2 BGB) bzw. eine Schlechtleistung (§ 281 I S.3 BGB) erbracht wurde, kann der Gläubiger zwar Schadensersatz statt der Leistung, also in der Höhe, in der die erbrachte Leistung nicht der vertraglich geschuldeten Leistung entsprach, verlangen. Schadensersatz statt der ganzen Leistung kann aber nur unter zusätzlichen Voraussetzungen erbracht werden.

Beachten Sie auch, dass keine Teilleistung, sondern eine vollständige Nichtleistung vorliegt und sich damit das Problem des § 281 I S.2 BGB nicht stellt, wenn der Gläubiger die Teilleistung zurückgewiesen hat. Denn § 266 BGB stellt klar, dass der Schuldner grundsätzlich zu Teilleistungen nicht berechtigt ist.

Ist nun eine Teilleistung bewirkt worden, so kann der Gläubiger Schadensersatz statt der ganzen Leistung nur dann verlangen, wenn er an dem erbrachten Leistungsteil kein Interesse hat, § 281 I S.2 BGB. Das heißt, dass der Gläubiger Schadensersatz statt der ganzen Leistung nur fordern kann, wenn er Interesse nur an der ganzen, d.h. der vollständigen Leistung hat. 109

Bei der Leistung „nicht wie geschuldet“ sind nach § 281 I S.3 BGB die Anforderungen geringer als bei der Teilleistung. Hier erscheint es nicht sachgerecht, den Gläubiger grundsätzlich an einer mangelhaften Leistung festzuhalten. Daher kann der Gläubiger Schadensersatz statt der ganzen Leistung nur dann nicht verlangen, wenn die Pflichtverletzung unerheblich ist, § 281 I S.3 BGB.

Die Unerheblichkeit ist anhand der Umstände des Einzelfalls zu beurteilen, da es sich um einen unbestimmten Rechtsbegriff handelt. Mitunter wird in der Rechtsprechung eine prozentuale Ausdrucksweise im Hinblick auf die Wertreduktion aufgrund des Mangels vorgenommen. Verallgemeinern lässt sich dies aber nicht. Wird die Beschaffenheit jedoch garantiert und verfügt die Kaufsache dann nicht über die garantierte Beschaffenheit, wird nach einhelliger Ansicht die Unerheblichkeit verneint und zwar unabhängig davon, wie geringfügig die Abweichung objektiv betrachtet auch sein mag. Gleiches gilt für den Fall, dass ein Mangel arglistig verschwiegen wird.

Das Verlangen des Schadensersatzes statt der ganzen Leistung, ob nun bei Nicht-, Teil- oder Schlechtleistung, wirkt wirtschaftlich wie ein Rücktritt vom Vertrag. Daher ist der Schuldner in diesen Fällen auch gemäß § 281 V BGB zur Rückforderung des von ihm erbrachten Leistungsteils berechtigt. § 281 V BGB ist eine Rechtsfolgenverweisung auf die Regelungen des Rücktrittsrechts nach den §§ 346 ff. BGB. 110

Einen Fall zum Schadensersatz statt der ganzen Leistung bei erbrachter Teilleistung finden Sie in Hemmer/Wüst, Die 55 wichtigsten Fälle Schuldrecht AT, Fall 31.

F. Schadensersatz statt der Leistung bei nachträglicher Unmöglichkeit gemäß §§ 280 I, III, 283 BGB

Voraussetzungen für den Anspruch auf Schadensersatz statt der Leistung bei nachträglicher Unmöglichkeit gemäß §§ 280 I, III, 283 BGB 111

1. Bestehen eines Schuldverhältnisses
2. Nachträgliche Unmöglichkeit einer Primärleistungspflicht nach § 275 I bis III BGB
3. Vertretenmüssen des Schuldners, § 280 I S.2 BGB

⇨ **RECHTSFOLGE:** Ersatz des Schadens, der durch die Unmöglichkeit entstanden ist.

hemmer-Methode: Begrifflich besteht das Problem, die Unmöglichkeit als „Pflichtverletzung" zu bezeichnen. Denn die Unmöglichkeit kann auch unabhängig von einer Handlung des Schuldners eintreten. Besser passt der Begriff der Leistungsstörung. Der Gesetzgeber unterscheidet hier aber nicht, wenn über §§ 280 I, III, 283 BGB Schadensersatz geleistet werden soll. Die Pflichtverletzung i.S.d. § 280 I BGB ist also die Unmöglichkeit.
Zum Schadensersatz wegen nachträglicher Unmöglichkeit vgl. Sie Hemmer/Wüst, Die 55 wichtigsten Fälle Schuldrecht AT, Fall 1 und Fall 17.

I. Schuldverhältnis

Es muss ein Schuldverhältnis vorliegen. Die Besonderheit besteht bei einem Anspruch auf Schadensersatz darin (dies gilt für alle Fälle der §§ 281-283 BGB, dass für einen Anspruch auf Schadensersatz statt der Leistung ein Schuldverhältnis mit einer Leistungspflicht vorliegen muss. Die bloße Existenz von Schutzpflichten gem. § 241 II BGB genügt nicht. Denn der Schadensersatzanspruch statt der Leistung tritt an die Stelle des Leistungsanspruchs. So kann z.B. bei Pflichtverletzungen im vorvertraglichen Bereich nicht Schadensersatz statt der Leistung geschuldet sein, weil das vorvertragliche Schuldverhältnis gem. § 311 II BGB nur Schutzpflichten kennt. Die Leistungspflichten werden erst mit dem Vertragsschluss begründet.

II. Nachträgliche Unmöglichkeit einer Primärleistungspflicht nach § 275 I bis III BGB

Zentrale Voraussetzung des Schadensersatzanspruchs statt der Leistung nach §§ 280 I, III, 283 BGB ist die Unmöglichkeit einer Primärleistungspflicht. Diese Unmöglichkeit muss **nachträglich**, **d.h. nach Vertragsschluss** eingetreten sein. 112

Dies ergibt sich nicht ausdrücklich aus dem Wortlaut des § 283 BGB, jedoch mit Blick auf § 311a BGB. Denn dieser regelt in seinem Abs. 2, der an Abs. 1 anknüpft, den Fall, dass die Primärleistung bereits bei Vertragsschluss unmöglich war, also den Fall des Schadensersatzes statt der Leistung bei anfänglicher Unmöglichkeit.

hemmer-Methode: Arbeiten Sie – wie immer – mit dem Wortlaut, der Systematik und der ratio des Gesetzes. § 311a I BGB spricht davon, dass „das Leistungshindernis schon bei Vertragsschluss vorliegt" (= grammatikalische Auslegung). § 311a II BGB regelt den Schadensersatz statt der Leistung (= grammatikalische Auslegung) und bezieht sich auf die Fälle des § 311a I BGB, was bereits aus der Stellung nach § 311a I BGB zu entnehmen ist (= systematische Auslegung).

Bei der Pflicht, die nach Vertragsschluss unmöglich geworden ist, muss es sich um eine Leistungspflicht handeln. Also eine Pflicht, auf die vor dem Eintritt der Unmöglichkeit ein einklagbarer Anspruch bestand. 113

Nicht erforderlich ist jedoch, dass es sich um eine Pflicht handelte, die im Gegenseitigkeitsverhältnis mit einer Pflicht der anderen Partei stand. Die Regelung des § 283 BGB gilt sowohl für synallagmatische als auch für nicht-synallagmatische Pflichten.

hemmer-Methode: Die Anwendbarkeit auch bei nicht-synallagmatischen Pflichten ergibt sich wiederum zum einen aus der grammatikalischen und zum anderen aus der systematischen Auslegung. Zum einen sagt der Wortlaut des § 283 BGB nichts über eine Begrenzung auf synallagmatische Pflichten. Zum anderen befinden sich die besonderen Regelungen für das Synallagma in den §§ 320 ff. BGB, denn Titel 2 vor § 320 BGB lautet „Gegenseitiger Vertrag". Arbeiten Sie also immer mit Ihrem juristischen Rüstzeug!

Hinsichtlich des Vorliegens der Unmöglichkeit kann in vollem Umfang auf die Ausführungen zu § 275 BGB unter Rn. 25 ff. verwiesen werden. 114

Zu beachten ist hier aber, dass § 283 S.1 BGB darauf verweist, dass „der Schuldner nach § 275 I bis III BGB nicht zu leisten" braucht. Dies ist bei § 275 II und III BGB erst dann der Fall, wenn der Schuldner die Einrede erhoben hat, vgl. Sie oben.

Das heißt: Hat der Schuldner in den Fällen des § 275 II und III BGB die Einrede noch nicht erhoben, ist § 283 BGB nicht anwendbar. In diesen Fällen richtet sich der Schadensersatzanspruch – bis zur Erhebung der Einrede – nach §§ 280 I, III, 281 BGB.

III. Vertretenmüssen nach § 280 I S.2 BGB

Auch bei dem Schadensersatzanspruch nach §§ 280 I, III, 283 BGB richtet sich das Vertretenmüssen des Schuldners nach § 280 I S.2 BGB. Dies wird zum einen durch die Systematik der §§ 280 ff. BGB deutlich, wonach sich die allgemeinen Voraussetzungen des Schadensersatzes statt der Leistung immer nach der Grundnorm des § 280 I BGB richten. Zum anderen verweist § 283 S.1 BGB auch seinem ausdrücklichen Wortlaut nach auf die Voraussetzungen des § 280 I BGB, mithin auch auf das Vertretenmüssen nach § 280 I S.2 BGB. 115

Bezugspunkt für das Vertretenmüssen nach § 280 I S.2 BGB **ist** hier die Unmöglichkeit, d.h. das **Leistungshindernis nach § 275 I bis III BGB**. 116

Zu beachten ist in diesem Zusammenhang auch die Regelung des § 287 S. 2 BGB. Tritt das Leistungshindernis während des Schuldnerverzugs ein, haftet der Schuldner auch für Zufall, es sei denn, dass der Schaden auch bei rechtzeitiger Leistung eingetreten wäre. 117

Ein Ereignis ist dann **zufällig i.S.d. § 287 S. 2 BGB**, wenn es **weder vom Schuldner noch vom Gläubiger zu vertreten** ist. Darunter fallen unvorhersehbare Ereignisse (z.B. Blitzschlag), aber auch ein schuldhaftes Verhalten Dritter, das keiner der Parteien zuzurechnen ist (z.B. verkaufte Sache wird von Drittem gestohlen).

Anmerkung: In Hemmer/Wüst, Die 55 wichtigsten Fälle Schuldrecht AT, Fall 26 wird diese weitergehende Haftung während des Schuldnerverzugs behandelt.

hemmer-Methode: Wenn Sie § 287 S. 2 BGB ansprechen, müssen Sie also im Rahmen des Vertretenmüssens hinsichtlich des Schadensersatzanspruches statt der Leistung nach §§ 280 I, III, 283 BGB inzident die Voraussetzungen des Schuldnerverzugs nach § 286 BGB prüfen, da der Schuldnerverzug Tatbestandsvoraussetzung des § 287 S. 2 BGB ist. So machen Sie dem Korrektor schon durch Ihren Aufbau Ihr Verständnis für die Materie klar.

Da § 280 I S.2 BGB anzuwenden ist, wird auch im Rahmen der §§ 280 I, III, 283 BGB das Vertretenmüssen hinsichtlich des Leistungshindernisses nach § 275 I bis III BGB widerleglich vermutet.

IV. Sonderfall: Teilunmöglichkeit

Die Verweisung des § 283 S. 2 BGB auf § 281 I S.2, S.3 und V BGB regelt den Fall des Schadensersatzanspruchs statt der Leistung bei nachträglicher teilweiser Unmöglichkeit. *118*

Wie im Rahmen der direkten Anwendung von § 281 I S.2, S.3 und V BGB (vgl. Sie oben Rn. 108), geht es vorliegend auch um den Anspruch auf Schadensersatz statt der ganzen Leistung.

Die Übertragung der oben genannten Grundsätze auf die nachträgliche Unmöglichkeit bedeutet, dass in den Fällen, in denen mengenmäßig (= quantitativ) nur ein Teil der Leistung unmöglich ist, Schadensersatz statt der ganzen Leistung nur unter den Voraussetzungen der §§ 283 S.2, 281 I S.2 BGB verlangt werden kann.

Wird hingegen die Erbringung einer Leistung wie geschuldet nachträglich unmöglich (vor allem bei einem nach Vertragsschluss auftretenden, unbehebbaren Mangel), dann kann Schadensersatz statt der ganzen Leistung nur unter den – gegenüber § 281 I S.2 BGB geringeren – Anforderungen der §§ 283 S.2, 281 I S.3 BGB verlangt werden.

G. Schadensersatz statt der Leistung wegen anfänglicher Unmöglichkeit gemäß § 311a II BGB

Voraussetzungen für den Anspruch auf Schadensersatz statt der Leistung bei anfänglicher Unmöglichkeit gemäß § 311a II BGB 119

1. Bestehen eines Schuldverhältnisses
2. Anfängliche Unmöglichkeit einer Primärleistungspflicht nach § 275 I bis III BGB
3. Vertretenmüssen des Schuldners: Kenntnis / fahrlässige Unkenntnis des Schuldners, § 311a II S.2 BGB

⇨ **RECHTSFOLGE:** Ersatz des Schadens statt der Leistung, der durch die Unmöglichkeit entstanden ist.

hemmer-Methode: § 311a II BGB stellt eine eigenständige Anspruchsgrundlage dar. Das bedeutet, dass § 311a II BGB allein zu zitieren ist, ohne § 280 BGB.
Dies ergibt sich aus systematischen Gründen: § 311a II BGB zeigt schon von seiner Stellung her die Unabhängigkeit von § 280 BGB. Zudem sind alle Voraussetzungen, auch das Vertretenmüssen, in § 311a II BGB geregelt, so dass ein Rückgriff auf § 280 BGB überflüssig und damit falsch ist.
Dazu Hemmer/Wüst, Die 55 wichtigsten Fälle Schuldrecht AT, Fall 19.

I. Schuldverhältnis

Auch bei dem Anspruch aus § 311a II BGB ist ein Schuldverhältnis erforderlich. Die Besonderheit besteht nur darin, dass die Erbringung der Leistung von vorneherein unmöglich ist, so dass es bei Vertragsschlusse eine Leistungspflicht nicht gibt. Der Anspruch ist also gerichtet auf Schadensersatz statt der versprochenen, aber von Anfang an unmöglichen Leistung.

II. Anfängliche Unmöglichkeit einer Primärleistungspflicht nach § 275 I bis III BGB

Zentrale Voraussetzung eines Anspruchs auf Schadensersatz statt der Leistung wegen anfänglicher Unmöglichkeit gemäß § 311a II BGB ist, dass spätestens bei Vertragsschluss eine Primärleistungspflicht gemäß § 275 I bis III BGB unmöglich wurde. 120

Dieses Kriterium grenzt den Schadensersatzanspruch statt der Leistung des § 311a II BGB von dem Schadensersatzanspruch statt der Leistung wegen nachträglicher Unmöglichkeit nach §§ 280 I, III, 283 BGB ab.

Dass im Rahmen des § 311a II BGB das Leistungshindernis bereits bei Vertragsschluss vorgelegen haben muss, ergibt sich aus der systematischen Stellung des § 311a II BGB nach § 311a I BGB.

Denn in § 311a I BGB ist geregelt, dass ein Vertrag nicht automatisch unwirksam ist, wenn ein Leistungshindernis bereits bei Vertragsschluss vorliegt. § 311a II BGB folgt auf diese Regelung. Die Stellung des Abs. 2 zeigt daher, dass es auch in dieser Regelung nur um solche Leistungshindernisse gehen kann, die bereits bei Vertragsschluss vorlagen.

Hinsichtlich des Vorliegens von Unmöglichkeit nach § 275 I bis III BGB kann wiederum auf die Ausführungen unter Rn. 25 ff. verwiesen werden.

Bei § 275 II und III BGB ist zu beachten, dass die Einrede jeweils erhoben sein muss. Denn nur für den Fall braucht „der Schuldner nicht zu leisten“ i.S.d. § 311a I BGB.

III. Vertretenmüssen des Schuldners gem. § 311a II S.2 BGB

Auch im Rahmen des Schadensersatzanspruchs statt der 121
Leistung wegen anfänglicher Unmöglichkeit muss der Schuldner das Leistungshindernis zu vertreten haben.

Das Vertretenmüssen ist explizit in § 311a II S.2 BGB geregelt.

Danach muss der Schuldner Schadensersatz leisten, wenn er entweder das Leistungshindernis bei Vertragsschluss kannte oder die Unkenntnis hinsichtlich des Leistungshindernisses zu vertreten hat, § 311a II S.2 BGB.

Die negative Formulierung des § 311a II S.2 BGB zeigt, wie der insoweit vergleichbare § 280 I S.2 BGB, dass das Vertretenmüssen hinsichtlich des Leistungshindernisses widerleglich vermutet wird.

hemmer-Methode: Zu der Bedeutung einer Vermutung und deren Widerleglichkeit wiederholen Sie noch einmal die Ausführungen unter Rn. 65 ff. zu § 280 I S.2 BGB.

Dabei erklärt sich die Kenntnis von dem Leistungshindernis quasi von selbst. Der Schuldner hat ein anfängliches Leistungshindernis also nach § 311a II S.2 Alt.1 BGB zu vertreten, wenn er bei Vertragsschluss positive Kenntnis von dem Leistungshindernis hat. 122

Nach § 311a II S.2 Alt.2 BGB hat der Schuldner des Weiteren ein anfängliches Leistungshindernis zu vertreten, wenn er die Unkenntnis hinsichtlich des Leistungshindernisses zu vertreten hat.

Der Begriff des Vertretenmüssens in § 311a II S.2 Alt.2 BGB nimmt dabei Bezug auf die §§ 276 ff. BGB.

Der Schuldner haftet dem Gläubiger nach § 311a II BGB also auch dann, wenn er sich vor der Kenntnis vorsätzlich verschließt (= vorsätzliche Unkenntnis) oder in fahrlässiger Unkenntnis vom Leistungshindernis ist, er also bei pflichtgemäß sorgfältigem Verhalten das Vorliegen des Leistungshindernisses hätte erkennen müssen (= fahrlässige Unkenntnis).

Der Schuldner muss sich auch die Kenntnis bzw. zu vertretende Unkenntnis von Gehilfen zurechnen lassen, die er bei der Vertragsvorbereitung eingeschaltet hat, § 166 I bzw. § 278 BGB.

IV. Sonderfall: Teilunmöglichkeit

§ 311a II S.3 BGB stellt klar, dass auch im Rahmen des § 311a II BGB der § 281 I S.2, S.3 und V BGB entsprechende Anwendung findet. 123

Diese Verweisung gilt, wie die Vorschrift des § 283 S.2 BGB, für die Teilunmöglichkeit, genauer hier für die anfängliche Teilunmöglichkeit.

Die Ausführungen zu § 283 S.2 BGB unter Rn. 118 gelten hierfür entsprechend.

H. Schadensersatz statt der Leistung wegen Verletzung einer Pflicht nach § 241 II BGB gemäß §§ 280 I, III, 282 BGB

Voraussetzungen für den Anspruch auf Schadensersatz statt der Leistung wegen Verletzung einer Pflicht nach § 241 II BGB gemäß §§ 280 I, III, 282 BGB 124

1. Bestehen eines Schuldverhältnisses
2. Verletzung einer Pflicht nach § 241 II BGB
3. Vertretenmüssen des Schuldners, § 280 I S.2 BGB
4. Besondere Voraussetzungen nach § 282 BGB:
5. Unzumutbarkeit für den Gläubiger
6. Im gegenseitigen Vertrag: Eigene Vertragstreue

⇨ **RECHTSFOLGE:** Ersatz des Schadens, der durch die Verletzung der Pflicht nach § 241 II BGB entstanden ist.

Dazu Hemmer/Wüst, Die 55 wichtigsten Fälle Schuldrecht AT, Fall 32.

I. Bestehen eines Schuldverhältnisses und Vertretenmüssen

Hinsichtlich dieser Prüfungspunkte bestehen keine grundsätzlichen Besonderheiten. 125

II. Verletzung einer Pflicht nach § 241 II BGB

Voraussetzung des Schadensersatzanspruches statt der Leistung nach §§ 280 I, III, 282 BGB ist, dass der Schuldner eine nicht-leistungsbezogene Pflicht nach § 241 II BGB verletzt. 126

Dieses Merkmal grenzt diesen Anspruch auf Schadensersatz statt der Leistung von den anderen Ansprüchen auf Schadensersatz statt der Leistung nach §§ 280 I, III, 281 BGB bzw. §§ 280 I, III, 283 BGB ab. Denn bei den letztgenannten Ansprüchen muss der Schuldner eine leistungsbezogene Pflicht verletzen bzw. die Primärleistungspflicht muss unmöglich geworden sein.

Anmerkung: Eine nicht-leistungsbezogene Pflicht nach § 241 II BGB ist eine solche Pflicht, auf die der Gläubiger keinen Primäranspruch hat.

III. Unzumutbarkeit für den Gläubiger nach § 282 BGB

Aufgrund der Verletzung einer Pflicht nach § 241 II BGB muss das **Festhalten des Gläubigers an der Primärleistung für den Gläubiger unzumutbar sein.** 127

An diese Unzumutbarkeit sind hohe Anforderungen zu stellen. Denn immerhin geht es um eine Verletzung einer nicht-leistungsbezogenen (Neben-)Pflicht, aufgrund derer der Gläubiger Schadensersatz statt der Primärleistung verlangen kann. Es hat daher eine umfassende Abwägung stattzufinden.

Grundsätzlich ist eine einmalige Pflichtverletzung des Schuldners nicht ausreichend, um eine Unzumutbarkeit für den Gläubiger i.S.d. § 282 BGB zu begründen.

Der Gläubiger muss den Schuldner daher hinsichtlich dieser Pflichtverletzung grundsätzlich abmahnen. Erst wenn es zu weiteren Pflichtverletzungen der gleichen Art kommt, kann eine Unzumutbarkeit bejaht werden.

Eine einmalige Pflichtverletzung kann aber – auch ohne Abmahnung – ausreichend sein, wenn sie hinreichend schwerwiegend ist. Hier sind insbesondere vorsätzliche Schädigungen durch den Gläubiger an dem Schuldner, besonders die Begehung von Straftaten gegenüber dem Gläubiger oder diesen nahe stehenden Personen zu nennen.

Die Unzumutbarkeit kann sich aber auch daraus ergeben, dass sich der Schuldner zahlreiche Pflichtverletzungen verschiedenster Art zu Schulden kommen lässt. Dann ergibt sich die Unzumutbarkeit aus der Unzuverlässigkeit des Schuldners, die sich in den verschiedenen Pflichtverletzungen objektiv manifestiert hat.

hemmer-Methode: Der Prüfungspunkt der Unzumutbarkeit ist der wichtigste Prüfungspunkt im Rahmen der §§ 280 I, III, 282 BGB. Denn wie gesagt geht es hier um einen Schadensersatz statt der Primärleistung wegen der Verletzung einer nicht-leistungsbezogenen Pflicht. Hier müssen Sie abwägen und die Angaben des Sachverhalts verwerten.

IV. Im gegenseitigen Vertrag: Eigene Vertragstreue des Gläubigers

Wie im Rahmen des Anspruchs aus §§ 280 I, III, 281 BGB schon behandelt, ist im gegenseitigen Vertrag ein weiteres ungeschriebenes Merkmal die eigene Vertragstreue des Gläubigers. Es gilt das unter Rn. 104 Ausgeführte entsprechend. *128*

§ 6 Rücktritt

A. Allgemeines

Der Rücktritt ist ein **Gestaltungsrecht**, durch dessen Ausübung die primären Leistungspflichten aus einem Vertrag ex nunc aufgehoben werden. **Mit der Ausübung des Rücktritts**, d.h. der **Erklärung nach § 349 BGB**, **erlöschen die noch nicht erfüllten Ansprüche**. Insoweit ist der wirksame Rücktritt eine rechtsvernichtende Einwendung. *129*

Gleichzeitig sind die **Parteien verpflichtet**, die **bereits empfangenen Gegenstände einander zurückzugewähren**. Insoweit wird das **ursprüngliche Schuldverhältnis in ein Rückgewährschuldverhältnis** (**auch Abwicklungsverhältnis** genannt) **umgewandelt**. *130*

Da der Rücktritt ein Gestaltungsrecht ist, ist er unverjährbar. Jedoch regelt § 218 BGB, dass der Rücktritt wegen nicht oder nicht vertragsgemäßer Leistung unwirksam ist, wenn der Anspruch auf die Leistung oder der Nacherfüllungsanspruch verjährt ist und der Schuldner sich hierauf beruft.

hemmer-Methode: Das bedeutet im Ergebnis, dass auch das unverjährbare Gestaltungsrecht Rücktritt nicht unbegrenzt ausgeübt werden kann, sondern über die Unwirksamkeit des § 218 BGB eine „Koppelung" an die Verjährung des Erfüllungs- bzw. Nacherfüllungsanspruchs bewirkt wird.
Achten Sie hier jedoch streng auf Ihre Wortwahl! Ein Rücktrittsrecht verjährt nicht, sondern ist möglicherweise gemäß § 218 BGB unwirksam!

Gesetzlich geregelt sind die **Wirkungen, d.h. Rechtsfolgen des Rücktritts in den §§ 346 ff. BGB**. *131*

Die §§ 346 ff. BGB setzen wiederum **ein gesetzliches oder vertragliches Rücktrittsrecht, d.h. <u>einen Rücktrittsgrund</u>, voraus**.

Gesetzlich geregelte Rücktrittsgründe finden sich in §§ 323, 324 und § 326 V BGB. Hinzu kommt § 313 III BGB, vgl. dazu die Ausführungen unten, § 8.

Diese **gesetzlichen Rücktrittsgründe folgen in ihrer Systematik** den oben dargestellten **Schadensersatzansprüchen statt der Leistung**. *132*

§ 323 BGB, der Rücktrittsgrund wegen nicht oder nicht vertragsgemäß erbrachter Leistung, entspricht dabei § 281 BGB.

§ 324 BGB, der Rücktrittsgrund wegen Verletzung einer Pflicht nach § 241 II BGB, entspricht dabei § 282 BGB.

§ 326 V BGB, der Rücktrittsgrund wegen Vorliegen eines Leistungshindernisses nach § 275 I bis III BGB, entspricht dabei § 283 BGB.

hemmer-Methode: Mit der Verdeutlichung der Parallelen wiederholen Sie das bisher Gelernte und vermeiden Schubladendenken. Lernen Sie frühzeitig Ihr Wissen zu vernetzen. Nur so sehen Sie die dahinter stehende Struktur, das „große Ganze“, und vermeiden den Informationsinfarkt.

Liegt ein gesetzlicher oder vertraglicher Rücktrittsgrund vor, wird das Rücktrittsrecht durch die Rücktrittserklärung nach § 349 BGB ausgeübt. 133

Diese Rücktrittserklärung ist eine formlose, empfangsbedürftige Willenserklärung, die der Rücktrittsberechtigte gegenüber dem Rücktrittsgegner abzugeben hat. Eine Angabe des Rücktrittsgrundes ist dabei nicht erforderlich.

Voraussetzungen eines jeden wirksamen Rücktritts sind also:

1. Rücktrittsgrund, vor allem ein gesetzlicher Rücktrittsgrund nach §§ 323, 324 und 326 V BGB, aber auch ein vertraglich vereinbarter. 134

2. Rücktrittserklärung nach § 349 BGB.

hemmer-Methode: In der Klausur wird Ihnen zumeist ein gesetzlicher Rücktrittsgrund begegnen. Denn nur dann kann der Korrektor auch abprüfen, ob Sie die Systematik der §§ 323 ff. BGB beherrschen, nicht nur die §§ 346 ff. BGB. Fälle zum Rücktritt finden Sie in Hemmer/Wüst, Die 55 wichtigsten Fälle Schuldrecht AT, Fälle 33 bis 43.

B. Rücktrittsgrund des § 323 BGB: Rücktritt wegen nicht oder nicht wie geschuldet erbrachter Leistung

Voraussetzungen des gesetzlichen Rücktrittsgrunds des § 323 BGB wegen nicht oder nicht wie geschuldet erbrachter Leistung 135

1. Vorliegen eines gegenseitigen Vertrages, § 323 I BGB
2. Fällige und durchsetzbare Leistungspflicht, § 323 I BGB
3. Keine bzw. nicht vertragsgemäße Leistung des Schuldners, § 323 I BGB
4. Fristsetzung und erfolgloser Fristablauf, § 323 I BGB, oder Entbehrlichkeit der Fristsetzung, vor allem nach § 323 II BGB
5. Eigene Vertragstreue des Gläubigers
6. Kein Ausschluss des Rücktrittsrechts, § 323 VI BGB
7. Keine Unwirksamkeit des Rücktritts nach § 218 I S.1 BGB

⇨ **RECHTSFOLGE:** Vorliegen eines gesetzlichen Rücktrittsrechts nach § 323 BGB.

hemmer-Methode: Wie immer ist das Aufbauschema kein Selbstzweck. Lernen Sie mit dem Gesetz zu arbeiten, anstatt Schemata auswendig zu lernen. Im Rahmen des § 323 BGB ergeben sich fast alle Prüfungspunkte aus dem Wortlaut des § 323 BGB selbst.

I. Vorliegen eines gegenseitigen Vertrages

Sowohl aus der Systematik des § 323 BGB (Stellung in Titel 2 „Gegenseitiger Vertrag“) als auch aus dessen ausdrücklichem Wortlaut ergibt sich, dass für die Anwendbarkeit des § 323 BGB ein gegenseitiger Vertrag vorliegen muss. 136

Es muss also eine synallagmatische Verknüpfung der beiderseitigen Leistungspflichten vorliegen, ein „do ut des“, ein Synallagma.

<u>Nicht anwendbar</u> ist § 323 BGB daher **auf einseitig verpflichtende Verträge** wie Schenkung, §§ 516 ff. BGB, und Bürgschaft, §§ 765 ff. BGB. Ebenfalls **<u>nicht anwendbar</u>** ist § 323 BGB daher **auf unvollkommen zweiseitige Verträge**, d.h. Verträge, in denen jede Seite Verpflichtungen treffen, diese Verpflichtungen jedoch nicht im Gegenseitigkeitsverhältnis stehen, z.B. Leihe, §§ 598 ff. BGB, Auftrag, §§ 662 ff. BGB, unentgeltliche Verwahrung, §§ 690 ff. BGB.

II. Fällige und durchsetzbare Leistungspflicht

Das Kriterium der fälligen Leistung ergibt sich auch direkt aus dem Wortlaut des § 323 I BGB. *137*

Beachten Sie, dass diese Leistungspflicht nicht selbst im Synallagma stehen muss. Es genügt eine einseitige Pflicht, wenn diese auf einem gegenseitigen Vertrag beruht. Beispiel für eine einseitige Pflicht aus einem gegenseitigen Vertrag ist die Abnahmepflicht des Käufers nach § 433 II a. E. BGB.

An diesem Prüfungspunkt grenzt sich der Rücktrittsgrund nach § 323 BGB von den Rücktrittsgründen nach § 324 BGB und § 326 V BGB ab.

Während § 323 I BGB eine fällige und durchsetzbare Leistungspflicht fordert, ist bei § 324 BGB die Verletzung einer Pflicht aus § 241 II BGB Voraussetzung.

Das bedeutet, dass die Pflicht, auf die sich § 323 I BGB bezieht, eine Primärleistungspflicht sein muss, also eine solche Pflicht, auf die der Schuldner einen einklagbaren Anspruch hat.

Wenn die Leistungspflicht wegen Vorliegens eines Leistungshindernisses nach § 275 I bis III BGB ausgeschlossen ist, kommt § 323 BGB mangels Vorliegens einer wirksamen Leistungspflicht nicht direkt zur Anwendung. Dann ist der § 326 V BGB einschlägig, der aber wiederum auf § 323 BGB verweist.

Bezüglich der Fälligkeit und Durchsetzbarkeit gelten die Ausführungen unter Rn. 78 ff. zum Schadensersatzanspruch nach §§ 280 I, II, 286 BGB entsprechend.

Eine **Ausnahme hinsichtlich der Fälligkeit** macht **§ 323 IV BGB**. Der Gläubiger kann danach auf **bereits vor Fälligkeit zurücktreten**, **wenn offensichtlich ist, dass die Voraussetzungen des Rücktritts eintreten werden**. 138

Ein Fallbeispiel zu dieser Konstellation finden Sie in Hemmer/Wüst, Die 55 wichtigsten Fälle Schuldrecht AT, Fall 35.

Erfasst von § 323 IV BGB werden vor allem die Fälle, in denen der Schuldner **vor** Fälligkeit die Erfüllung des Anspruchs ernsthaft und endgültig verweigert.

III. Nichtleistung bzw. nicht vertragsgemäße Leistung durch den Schuldner, § 323 I BGB

Hinsichtlich der Nichtleistung bzw. nicht vertragsgemäßen Leistung gilt das Gleiche wie bei § 281 BGB. 139

Nichtleistung ist die vollständige Nichterbringung der Leistung trotz Fälligkeit.

Nicht vertragsgemäße Leistung meint die Fälle der Schlechtleistung, d.h. der qualitativen Minderleistung.

IV. Fristsetzung und Ablauf der gesetzten Frist

Auch hinsichtlich der Fristsetzung gilt das zu § 281 BGB Gesagte entsprechend. 140

Das bedeutet, dass die Frist zu Leistung oder Nacherfüllung angemessen sein muss. Diese Frist soll dem Schuldner eine letzte Gelegenheit zur Erfüllung des Vertrags eröffnen.

Sie braucht – wie auch bei § 281 BGB – nicht so lange bemessen zu sein, dass der Schuldner die noch nicht begonnene Leistung erst anfangen und fertig stellen kann. Der Schuldner soll nur eine bereits angefangene Leistung beenden können.

Auch hinsichtlich der Angemessenheit der Frist gilt wie bei § 281 BGB, dass eine durch den Gläubiger gesetzte, zu kurze Frist automatisch eine objektiv angemessene Frist in Gang setzt. Jedoch muss auch eine zu kurze Frist objektiv überhaupt eine Fristsetzung darstellen. 141

Ebenfalls wie bei § 281 III BGB kann auch beim Rücktritt an die Stelle der Fristsetzung ausnahmsweise eine Abmahnung treten. Für den Rücktritt ist dies in § 323 III BGB geregelt. Dies kommt insbesondere bei einer Primärpflicht auf Unterlassen in Betracht.

Auch hinsichtlich des erfolglosen Ablaufs der Frist gilt das zu § 281 BGB Gesagte entsprechend. Der Gläubiger kann also vom Vertrag gemäß § 323 I BGB erst zurücktreten, wenn die dem Schuldner gesetzte Frist erfolglos abgelaufen ist. Abzustellen ist auf den Zeitpunkt der Leistungshandlung.

hemmer-Methode: Wie Sie sehen, brauchen Sie auch hinsichtlich der Fristsetzung nur einmal zu lernen und zu verstehen. Gerade durch die Parallelen von § 323 BGB zu § 281 BGB, von § 324 BGB zu § 282 BGB und von § 283 BGB zu § 326 V BGB ist das Schuldrecht „anwenderfreundlicher“ geworden. Einmal verstanden bedeutet hier, dass Sie doppelten Nutzen davon ziehen.

V. Entbehrlichkeit der Fristsetzung

Die Entbehrlichkeit der Fristsetzung ist explizit **in § 323 II BGB geregelt**. *142*

1. Entbehrlichkeit der Fristsetzung nach § 323 II Nr. 1 BGB wegen ernsthafter und endgültiger Verweigerung der Leistung

Auch in dem Entbehrlichkeitsgrund der ernsthaften und endgültigen Verweigerung durch den Schuldner findet sich eine Parallelität zur § 281 BGB, wo dieser Entbehrlichkeitsgrund in identischem Wortlaut in § 281 II S.Alt.1 BGB geregelt ist. *143*

Daher sind auch die Voraussetzungen der ernsthaften und endgültigen Verweigerung durch den Schuldner in § 323 II Nr. 1 BGB und § 281 II S.Alt.1 BGB identisch.

Das bedeutet, dass der Schuldner für das Vorliegen von § 323 II Nr. 1 BGB das letzte Wort gesprochen haben muss, also strenge Anforderungen an eine ernsthafte und endgültige Verweigerung der Leistung zu stellen sind.

2. Entbehrlichkeit der Fristsetzung nach § 323 II Nr. 2 BGB beim relativen Fixgeschäft

Der Wortlaut des § 323 II Nr. 2 BGB beschreibt das relative Fixgeschäft. 144

hemmer-Methode: Machen Sie sich an dieser Stelle noch einmal den Unterschied in den Rechtsfolgen zwischen relativem und absolutem Fixgeschäft deutlich. Nach Ablauf der bestimmten Frist liegt beim absoluten Fixgeschäft ein Fall der Unmöglichkeit der Primärleistung nach § 275 I BGB vor. Hingegen ist beim relativen Fixgeschäft nach Ablauf der Frist die Leistung noch möglich, nur der Rücktritt nach § 323 II Nr. 2 BGB erleichtert bzw. beim Schadensersatz gibt es die handelsrechtliche Sonderregel des § 376 HGB. Wiederholen Sie die Unterscheidung zwischen absolutem und relativem Fixgeschäft unter Rn. 38, 39.

Bei Vorliegen eines relativen Fixgeschäftes kann der Gläubiger nach Ablauf der im Vertrag bestimmten Frist bzw. des im Vertrag bestimmten Zeitraums zurücktreten, ohne dass es einer Fristsetzung nach § 323 I BGB bedarf.

Dieser Entbehrlichkeitsgrund stellt einen der wenigen Unterschiede des § 323 BGB zu der – im Übrigen weitgehend parallelen – Regelung des § 281 BGB dar. Denn der Entbehrlichkeitsgrund des relativen Fixgeschäfts des § 323 II Nr. 2 BGB ist in § 281 BGB nicht genannt und ist auch nicht analog heranzuziehen.

3. Entbehrlichkeit der Fristsetzung nach § 323 II Nr. 3 BGB aufgrund besonderer Umstände

Dieser Entbehrlichkeitsgrund hat wiederum seine Parallele im wortgleichen § 281 II Alt.2 BGB. 145

Trotz seiner vermeintlichen Weite ist § 323 II Nr. 3 BGB eng auszulegen, damit nicht aus dem Regelfall der Notwendigkeit der Fristsetzung durch leichtfertiges Bejahen des § 323 II Nr. 3 BGB die Ausnahme wird.

hemmer-Methode: Letztlich ist dies auch ein Unterfall der systematischen Auslegung. § 323 BGB zeigt in seinem Abs. 1, dass das Erfordernis der Fristsetzung der Regelfall sein soll. Die Tatbestände des § 323 II Nr. 1 und Nr. 2 BGB zeigen, dass die Ausnahmen auf bestimmte, wenige Fallgruppen beschränkt sein sollen.

Würde man jetzt die Ausnahme des § 323 II Nr. 3 BGB weit interpretieren, bedeutete dies, dass die gesamte gesetzliche Konzeption auf den Kopf gestellt wird. Lesen Sie daher eine Norm immer auch in ihrem Zusammenhang.

Im Rahmen des § 323 II Nr. 3 BGB kommt es immer auf den konkreten Einzelfall und eine Abwägung der beiderseitigen Interessen an. Hier insbesondere müssen Sie genau mit den Angaben des Sachverhaltes arbeiten.

Relevant im Rahmen des § 323 II Nr. 3 BGB sind vor allem die so genannten „just-in-time"-Verträge. Bei diesen wurde zwar ein relatives Fixgeschäft nicht ausdrücklich vereinbart. Jedoch hat der Gläubiger ein gesteigertes Interesse an der fristgemäßen Lieferung, das dem Schuldner bekannt ist.

VI. Eigene Vertragstreue des Gläubigers

Dies ist ein ungeschriebenes Tatbestandsmerkmal des Rücktrittsgrundes nach § 323 BGB. Die eigene Vertragstreue ist – wie auch im Rahmen des § 281 BGB – nur zu prüfen, wenn nicht spezialgesetzliche Vorschriften bereits ausdrücklich die Folgen eines vertragswidrigen Verhaltens des Gläubigers regeln. *146*

So regelt z.B. § 323 VI BGB für bestimmte vertragswidrige Verhaltensweisen des Gläubigers, dass der Rücktritt ausgeschlossen ist. Liegen die in § 323 VI BGB beschriebenen Verhaltensweisen also vor, ist bezüglich dieses Verhaltens des Gläubigers eine Prüfung unter dem Prüfungspunkt „Eigene Vertragstreue des Gläubigers" falsch.

hemmer-Methode: Dieser Prüfungspunkt erlangt nur in seltenen Fällen Klausurrelevanz. Schauen Sie immer, ob Sie ein vertragswidriges Verhalten des Gläubigers nicht anhand einer ausdrücklichen gesetzlichen Regelung festmachen können.

VII. Kein Ausschluss des Rücktritts nach § 323 VI BGB

Während bei Schadensersatzansprüchen ein Fehlverhalten in Form einer Obliegenheitsverletzung des Gläubigers gemäß § 254 BGB bei der Berechnung des Schadensersatzes berücksichtigt werden kann, ist eine so flexible Lösung beim Rücktritt nicht möglich. *147*

Denn der Rücktritt ist ein „Alles-oder-Nichts"-Recht, d.h. entweder es kommt zum Rücktritt und seinen Folgen oder nicht. Ein „bisschen Rücktritt" gibt es nicht.

Daher regelt § 323 VI BGB zwei Fallgruppen, bei denen bei einer Obliegenheitsverletzung des Gläubigers der Rücktritt ausgeschlossen ist, § 323 VI Alt.1 und Alt.2 BGB.

Liegt einer dieser Fälle vor, ist der Rücktritt gemäß § 323 BGB ausgeschlossen.

1. Ausschluss wegen Verantwortlichkeit des Gläubigers gemäß § 323 VI Alt.1 BGB

Der Rücktritt ist nach § 323 VI Alt.1 BGB ausgeschlossen, 148
wenn der Gläubiger allein oder weit überwiegend für den Umstand verantwortlich ist, der ihn zum Rücktritt berechtigen würde.

Diese Alternative entspricht inhaltlich dem § 326 II S.1 Alt.1 BGB. Daher sind die Ausführungen zur Verantwortlichkeit des Gläubigers unter Rn. 45 auch entsprechend heranzuziehen.

Das heißt, obwohl die Verantwortlichkeit des Gläubigers gesetzlich nicht geregelt ist und § 276 BGB nur die Verantwortlichkeit des Schuldners regelt, wird § 276 BGB analog herangezogen.

„Weit überwiegend" i.S.d. § 323 VI Alt.1 BGB meint die Fälle, in denen die Verantwortlichkeit des Gläubigers bei ca. 80 bis 90% liegt. Nicht umfasst ist davon die problematische Fallgruppe der beiderseits zu verantwortenden Unmöglichkeit.

2. Ausschluss wegen Annahmeverzug des Gläubigers gemäß § 323 VI Alt.2 BGB

Der Rücktritt ist nach § 323 VI Alt.2 BGB ausgeschlossen, 149
wenn der zum Rücktritt berechtigende Umstand, also die tatsächlichen Grundlagen des § 323 I bis IV BGB, zu einer Zeit eintreten, während sich der Gläubiger im Annahmeverzug nach §§ 293 ff. BGB befindet.

Diese Alternative entspricht inhaltlich dem § 326 II S.1 Alt.2 BGB.

Zu den Voraussetzungen des Annahmeverzugs wiederholen Sie daher noch einmal die Ausführungen unter Rn. 46.

Beachten Sie, dass – wie im Übrigen auch bei § 326 II S.1 Alt.2 BGB – kein Vertretenmüssen des Schuldners hinsichtlich des zum Rücktritt berechtigenden Umstands vorliegen darf.

Dies macht § 323 VI Alt.2 BGB deutlich mit der Formulierung „wenn der vom Schuldner nicht zu vertretende Umstand zu einer Zeit eintritt, zu welcher…“.

Das bedeutet, wenn der Schuldner diese Umstände zu vertreten hat, ist der Rücktritt – unabhängig von einem Annahmeverzug des Gläubigers – nicht nach § 323 VI Alt.2 BGB ausgeschlossen.

3. Weitere ungeschriebene Ausschlussgründe für den Rücktritt

Der Wortlaut des § 323 VI BGB scheint hinsichtlich der Ausschlussgründe abschließend. 150

Jedoch ist zu berücksichtigen, dass die Ausschlussgründe des Rücktritts parallel zum Gegenleistungsanspruch konstruiert sind. § 323 VI Alt.1 BGB und § 326 II S.1 Alt.1 BGB entsprechen sich inhaltlich, ebenso wie § 323 VI Alt.2 BGB und § 326 II S.1 Alt.2 BGB.

Im Rahmen des § 326 II S.1 BGB sind aber noch weitere Vorschriften zu berücksichtigen, nach denen die Gegenleistungsgefahr auf den Gläubiger übergeht. In diesen Fällen geht also die Gefahr, dass der Gläubiger die Gegenleistung auch ohne Erlangen der Leistung erbringen muss, auf den Gläubiger über.

Um einen Wertungswiderspruch zwischen Rücktrittsrecht und Gegenleistungsanspruch zu vermeiden, müssen diese Vorschriften, die neben § 326 II S.1 BGB den Übergang der Preisgefahr regeln, somit auch für den Ausschluss des Rücktrittsrechts gelten.

Diese Vorschriften sind §§ 446, 447, 644, 645 BGB.

hemmer-Methode: An dieser Stelle können Sie – streng an dem Wortlaut des § 323 VI BGB argumentiert, dass der Wortlaut abschließend ist – auch zu dem Ergebnis kommen, dass §§ 446 f., 644 f. BGB keine Ausschlussgründe für den Rücktritt darstellen.
In der Rechtswissenschaft gibt es nicht das eine richtige Ergebnis. Es kommt darauf an, dass Sie mit dem Material, dass Sie zur Verfügung haben, also mit dem Gesetz, argumentieren.
Nennen Sie die Argumente, die für die eine Ansicht sprechen (z.B. der Wortlaut des Gesetzes) und die Argumente für die Gegenansicht (z.B. eine gesetzliche Wertung). Wenn Sie dies tun, ist das Ergebnis zweitrangig.

VIII. Keine Unwirksamkeit des Rücktritts nach § 218 I S.1 BGB

Wie bereits ausgeführt, ist der Rücktritt ein Gestaltungsrecht und unterliegt als solches nicht der Verjährung, § 194 I BGB e contrario. *151*

Es wäre jedoch kaum zu vermitteln, wenn ein Rücktritt auch noch möglich wäre, wenn der Leistungsanspruch bereits verjährt ist und der Schuldner sich auch darauf berufen hat.

Daher ist nach § 218 I S.1 BGB der Rücktritt unwirksam, wenn der Leistungsanspruch bzw. im Falle mangelhafter Leistung der Nacherfüllungsanspruch verjährt ist und der Schuldner die Einrede der Verjährung erhoben hat.

Nach § 218 I S.3 BGB bleibt jedoch § 216 II S.2 BGB davon unberührt. Wenn ein Eigentumsvorbehalt vorliegt, kann der Rücktritt vom Vertrag also auch dann erfolgen, wenn der mit dem Eigentumsvorbehalt gesicherte Anspruch verjährt ist.

IX. Sonderfälle: Rücktritt vom ganzen Vertrag bei Teil- und Schlechtleistung, § 323 V S.1 und S.2 BGB

Wie auch im Rahmen des Schadensersatzes statt der ganzen Leistung in § 281 I S.2 und S.3 BGB gibt es für den Rücktritt vom Vertrag Sonderregelungen, wenn der Schuldner eine Teil- bzw. eine Schlechtleistung erbracht hat. *152*

1. Teilleistung, § 323 V S.1 BGB

Nach § 323 V S.1 BGB kann der Gläubiger, wenn der Schuldner eine Teilleistung erbracht hat, vom ganzen Vertrag nur zurücktreten, wenn der Gläubiger an der Teilleistung kein Interesse hat. 153

Halten Sie sich an dieser Stelle noch einmal vor Augen, dass der Schuldner grundsätzlich zu Teilleistungen nicht berechtigt ist, § 266 BGB.

Es muss für die Anwendung des § 323 V S.1 BGB also zunächst eine vom Gläubiger angenommene Teilleistung vorliegen.

Hat der Gläubiger die Teilleistung bereits wegen § 266 BGB abgewiesen, liegt eine Nichtleistung vor, so dass § 323 V S.1 BGB keiner Erörterung bedarf.

Zudem betrifft § 323 V S.1 BGB nur den Fall des Rücktritts vom **ganzen** Vertrag.

Das bedeutet, dass bei Teilbarkeit der Leistung der Gläubiger jedenfalls vom betroffenen Vertragsteil zurücktreten kann. Somit ist bei einer Teilleistung auch ein Teilrücktritt immer möglich.

§ 323 V S.1 BGB stellt die zusätzliche Voraussetzung, dass der Gläubiger an der Teilleistung kein Interesse haben darf, also nur für den Rücktritt vom ganzen Vertrag auf.

Diese Voraussetzung ist gegeben, wenn der Gläubiger an dem eingeschränkten Leistungsaustausch nicht interessiert ist, etwa weil es für ihn günstiger ist, im Ganzen neu abzuschließen. Dies ist z.B. dann der Fall, wenn nur die vollständige Leistung für den Gläubiger brauchbar ist.

hemmer-Methode: Im Rahmen des § 323 V S.1 BGB taucht ein Problem im Zusammenspiel dieser Regelung mit § 434 III BGB auf. Denn im Kaufrecht ist nach § 434 III BGB die Zuweniglieferung dem Sachmangel, also der Schlechtleistung, gleichgestellt. Hier ist fraglich, ob diese Gleichstellung auch für das allgemeine Schuldrecht, genauer für § 323 V S.1 BGB gilt. Wäre dies der Fall, so müssten bei einer Teilleistung im Kaufrecht hinsichtlich des Rücktritts vom ganzen Vertrag nicht die zusätzlichen Voraussetzungen des § 323 V S.1 BGB eingehalten werden, da ja die Teilleistung wie eine Schlechtleistung zu behandeln ist, § 434 III BGB.

Vielmehr wäre dann § 323 V S.2 BGB einschlägig. An dieser Stelle ist Ihre Argumentationsfähigkeit gefragt, es gibt kein Richtig oder Falsch. Einerseits steht der ausdrückliche Wortlaut des § 434 III BGB, andererseits die Wertung des § 323 V S.1 BGB, die umgangen würde, wenn bei dem Hauptanwendungsfall des Kaufrechts die Regelung nicht gelten würde.

2. Schlechtleistung, § 323 V S.2 BGB

Auch in Fällen der Schlechtleistung ist § 323 BGB anwendbar, da der Schuldner dann die Leistung nicht vertragsgemäß erbracht hat, § 323 I BGB. 154

Jedoch setzt § 323 V S.2 BGB hier eine Schwelle der Erheblichkeit. Die für den Schuldner sehr einschneidende Maßnahme der Rückabwicklung des Vertrages nach Rücktritt kann bei der nicht vertragsgemäßen Leistung danach **nicht** erfolgen, **wenn** die **Pflichtverletzung unerheblich** war.

Diese Regelung entspricht § 281 I S.3 BGB beim Schadensersatz statt der Leistung.

Wie dort erfordert die Unerheblichkeitsprüfung eine beiderseitige Interessenabwägung. In Zweifelsfällen kann die Schwere des Verschuldens des Schuldners den Ausschlag geben.

C. Rücktrittsgrund des § 324 BGB: Rücktritt wegen Verletzung einer Pflicht nach § 241 II BGB

Voraussetzungen des gesetzlichen Rücktrittsgrunds des § 324 BGB wegen Verletzung einer Pflicht aus § 241 II BGB 155

1. Vorliegen eines gegenseitigen Vertrages, § 324 BGB
2. Verletzung einer Pflicht nach § 241 II BGB
3. Unzumutbarkeit für den Gläubiger, am Vertrag festzuhalten

⇨ **RECHTSFOLGE:** Vorliegen eines gesetzlichen Rücktrittsrechts nach § 324 BGB.

I. Vorliegen eines gegenseitigen Vertrages

Sowohl aus dem Wortlaut des § 324 BGB selbst als auch aus der Stellung des § 324 BGB in den §§ 320 ff. BGB ergibt sich, dass für die Anwendbarkeit des § 324 BGB ein gegenseitiger Vertrag vorliegen muss. Insoweit gilt das oben unter Rn. 136 Gesagte entsprechend. *156*

II. Verletzung einer Pflicht nach § 241 II BGB

Das in § 324 BGB genannte Kriterium der Verletzung einer Pflicht nach § 241 II BGB grenzt diesen Rücktrittsgrund von den anderen gesetzlichen Rücktrittsgründen ab. Der Schuldner muss also eine nicht-leistungsbezogene Pflicht i.S.d. § 241 II BGB verletzt haben. *157*

Hier erfolgt also – genau wie zwischen § 282 BGB und § 281 BGB – eine Abgrenzung nach der Art der Pflichtverletzung.

Beachten Sie, dass der Schuldner nur eine Pflicht nach § 241 II BGB verletzt haben muss. **Auf das Vertretenmüssen hinsichtlich der Pflichtverletzung kommt es nicht an.**

Hinsichtlich des Inhalts dieser Pflicht aus § 241 II BGB gilt das zum Schadensersatz nach §§ 280 I, III, 282 BGB unter Rn. 126 Gesagte entsprechend.

III. Unzumutbarkeit für den Gläubiger, am Vertrag festzuhalten

Das wichtigste Kriterium des Rücktrittsgrundes nach § 324 BGB, das nicht leichtfertig bejaht werden darf, ist die Unzumutbarkeit für den Gläubiger am Vertrag festzuhalten. *158*

Denn anders als die Rücktrittsgründe nach § 323 BGB bzw. §§ 326 V, 323 BGB knüpft der gesetzliche Rücktrittsgrund des § 324 BGB an die Verletzung einer **nicht**-leistungsbezogenen Pflicht an.

An diesem Prüfungspunkt wird das Interesse des Schuldners an der Erbringung der Leistung geschützt. Ein Rücktritt soll nicht bereits wegen einer unbedeutenden Kleinigkeit möglich sein.

In dieser Unzumutbarkeitsprüfung können verschiedene Gesichtspunkte eine Rolle spielen.

Regelmäßig kommen folgende Kriterien zur Anwendung:

⇨ Vertretenmüssen der Pflichtverletzung seitens des Schuldners

⇨ Grad des Verschuldens des Schuldners

⇨ Schwere der Beeinträchtigung des Gläubigers durch die Pflichtverletzung

⇨ (Mit-)Verantwortlichkeit des Gläubigers für die Pflichtverletzung

⇨ Vorherige Abmahnung durch den Gläubiger

hemmer-Methode: Der Rücktrittsgrund des § 324 BGB ist – wie auch die gesetzlichen Rücktrittsgründe des § 323 BGB bzw. der §§ 326 V, 323 BGB – vom Vertretenmüssen des Schuldners unabhängig. Jedoch kann das Vertretenmüssen des Schuldners und der Grad der Schuld im Rahmen der Abwägung in dem Prüfungspunkt „Unzumutbarkeit für den Gläubiger" eine Rolle spielen.
Vgl. Sie zum Rücktritt nach § 324 BGB Hemmer/Wüst, Die 55 wichtigsten Fälle Schuldrecht AT, Fall 37.

D. Rücktrittsgrund der §§ 326 V, 323 BGB: Rücktritt wegen Unmöglichkeit

Voraussetzungen des gesetzlichen Rücktrittsgrunds der §§ 326 V, 323 BGB wegen Unmöglichkeit 159

1. Vorliegen eines gegenseitigen Vertrages
2. Unmöglichkeit einer Leistungspflicht des Schuldners
3. Kein Ausschluss des Rücktrittsrechts nach §§ 326 V, 323 VI BGB
4. Keine Unwirksamkeit des Rücktrittsrechts nach § 218 I S.1 und S. 2 BGB

⇨ **RECHTSFOLGE: Vorliegen eines gesetzlichen Rücktrittsrechts nach §§ 326 V, 323 BGB.**

I. Vorliegen eines gegenseitigen Vertrages

Wie im Rahmen der Rücktrittsgründe des § 323 BGB und des § 324 BGB muss auch beim Rücktrittsgrund der §§ 326 V, 323 BGB ein gegenseitiger Vertrag vorliegen, was sich aus der systematischen Stellung des § 326 V BGB in Titel 2 vor §§ 320 ff. BGB ergibt. 160

Zum gegenseitigen Vertrag gilt das oben unter Rn. 136 Gesagte entsprechend.

II. Unmöglichkeit einer Leistungspflicht des Schuldners

Dieses Kriterium grenzt den Rücktrittsgrund der §§ 326 V, 323 BGB von den anderen gesetzlichen Rücktrittsgründen ab. 161

Während § 323 BGB an eine Nicht- bzw. nicht vertragsgemäße Primärleistung und § 324 BGB an die Verletzung einer Pflicht nach § 241 II BGB anknüpft, ist im Rahmen des gesetzlichen Rücktrittsgrunds wegen Unmöglichkeit die Unmöglichkeit einer Leistungspflicht des Schuldners maßgeblich.

Es muss also eine Leistungspflicht des Schuldners aus dem gegenseitigen Vertrag gemäß § 275 I bis III BGB unmöglich sein.

Zur Unmöglichkeit nach § 275 BGB gilt das oben unter Rn. 25 ff. Gesagte entsprechend.

III. Kein Ausschluss des Rücktrittsrechts nach §§ 326 V, 323 VI BGB

Auch bei dem Rücktrittsgrund der Unmöglichkeit verweist § 326 V BGB auf den gesamten § 323 BGB mit Ausnahme des Erfordernisses der Fristsetzung. 162

Das bedeutet, dass auch der Ausschlussgrund des § 323 VI BGB Anwendung findet.

Maßgeblicher Anknüpfungspunkt ist aber die Unmöglichkeit der Leistung. Wenn also der Gläubiger für den Umstand, der zum Eintritt des Leistungshindernisses führte, allein oder weit überwiegend verantwortlich ist bzw. dieses zu einer Zeit eintrat, als er sich im Annahmeverzug befand, ist der Rücktritt nach §§ 326 V, 323 BGB gemäß §§ 326 V, 323 VI BGB ausgeschlossen.

Hier gelten die Ausführungen zu § 323 VI BGB unter Rn. 147 entsprechend.

Anmerkung: Dazu Hemmer/Wüst, Die 55 wichtigsten Fälle Schuldrecht AT, Fall 34.

IV. Keine Unwirksamkeit des Rücktritts gemäß § 218 I S.1 und S.2 BGB

Auch der Unwirksamkeitsgrund des § 218 BGB gilt im Rahmen des Rücktritts nach §§ 326 V, 323 BGB. 163

Hier ist jedoch das Zusammenspiel von § 218 I S.1 und S. 2 BGB zu beachten.

Allein § 218 I S.1 BGB würde nicht zu einer Unwirksamkeit des Rücktritts führen können, da es im Fall der Unmöglichkeit der Leistung keinen „Anspruch auf Leistung" i.S.d. § 218 I S.1 BGB mehr gibt.

Denn der Anspruch auf Leistung ist gemäß § 275 I bis III BGB erloschen.

Hier hilft **§ 218 I S.2 BGB** weiter. Diese Vorschrift formuliert im Konjunktiv: „Dies gilt auch…wenn…der Anspruch auf die Leistung…verjährt wäre."

Anmerkung: Das bedeutet, dass im Falle der Unmöglichkeit der Leistung auf einen hypothetisch möglichen Leistungsanspruch abzustellen ist und die Verjährung dieses hypothetischen Leistungsanspruchs zu prüfen ist.

E. Die Regelung des § 325 BGB

Gemäß § 325 BGB sind Rücktritt und Schadensersatz nebeneinander anwendbar. 164

Zu beachten ist, dass die jeweiligen Voraussetzungen von Schadensersatzansprüchen bzw. Rücktrittsgründen jeweils für sich zu prüfen sind.

§ 325 BGB regelt also nicht das Vorliegen eines Anspruchs, sondern nur die generelle Möglichkeit des Nebeneinanders von §§ 280 ff. BGB und §§ 323 ff. BGB.

F. Die Rechtsfolgen des Rücktritts: §§ 346 ff. BGB

Wie oben bereits ausgeführt, ist immer zwischen Rücktrittsgrund und den Folgen des Rücktritts zu unterscheiden. 165

Dies macht auch § 346 BGB selbst sehr deutlich, wenn er in seiner amtlichen Überschrift von „Wirkungen des Rücktritts", also den Rücktrittsfolgen, spricht, während nach § 346 I BGB Tatbestandsvoraussetzung für den Rücktritt ein vertragliches oder gesetzliches Rücktrittsrecht ist.

hemmer-Methode: Die soeben behandelten Tatbestände der §§ 323, 324 BGB und §§ 326 V, 323 BGB sind gesetzliche Rücktrittsgründe. Entweder einer dieser gesetzlichen Rücktrittsgründe oder ein vertraglicher Rücktrittsgrund muss also gemäß § 346 I BGB erst vorliegen, damit Sie die Prüfung der Rechtsfolgen des Rücktritts beginnen können.

Machen Sie sich an dieser Stelle nochmals die Wirkungen des Rücktritts bewusst:

⇨ Erlöschen der noch nicht erfüllten Leistungspflichten ⇨ insoweit rechtsvernichtende Einwendung.

⇨ Begründung eines Rückgewährschuldverhältnisses hinsichtlich der bereits erbrachten Leistungen ⇨ insoweit anspruchsbegründende Wirkung.

hemmer-Methode: Obwohl § 346 BGB in der amtlichen Überschrift „Wirkungen des Rücktritts" heißt, ist dem Wortlaut des § 346 BGB nur die anspruchsbegründende Wirkung des Rückgewährschuldverhältnisses, nicht aber die rechtsvernichtende Einwendung zu entnehmen. Diese letztgenannte Wirkung müssen Sie sich also merken.

I. Allgemeines

Liegt ein – vertraglicher oder gesetzlicher – Rücktrittsgrund vor und hat der Gläubiger den Rücktritt gemäß § 349 BGB erklärt, ergeben sich die Rechtsfolgen des Rücktritts aus §§ 346 ff. BGB. 166

In § 346 BGB ist dabei das Rückgewährschuldverhältnis detailliert geregelt, insbesondere auch der Fall, dass die empfangene Leistung nicht in natura gemäß § 346 I BGB zurückgewährt werden kann.

hemmer-Methode: Beachten Sie bereits an dieser Stelle, dass die Rückgabe in natura nach § 346 I BGB vorrangig ist vor dem Wertersatz nach § 346 II BGB. Wenn also der erlangte Gegenstand noch in irgendeiner Form vorhanden ist, sei es auch verschlechtert o.ä., ist dieser Gegenstand nach § 346 I BGB zurückzugewähren. Nur im Übrigen, „soweit“ (siehe § 346 II S.1 am Anfang BGB) die Herausgabe unmöglich ist, tritt an deren Stelle die Wertersatzpflicht des § 346 II BGB.

II. Rücktrittserklärung gemäß § 349 BGB

Bei jedem Rücktritt als einem **Gestaltungsrecht** ist neben dem Vorliegen eines Rücktrittsgrundes **stets auch das Vorliegen einer Rücktrittserklärung gemäß § 349 BGB zu prüfen.** 167

Dies macht auch der Wortlaut des § 346 I BGB deutlich, wenn dort von „im Falle des Rücktritts“ gesprochen wird.

hemmer-Methode: Für Sie in der Fallbearbeitung bedeutet dies, dass Sie die Rechtsnatur des Rücktritts als Gestaltungsrecht klarstellen und den Sachverhalt auf eine Rücktrittserklärung hin untersuchen müssen.
Zumeist wird im Sachverhalt nicht der juristische Fachbegriff Rücktritt verwendet. An dieser Stelle ist es dann Teil der juristischen Arbeit, anhand des Begehrens der Partei die laienhaften Äußerungen mit juristischem Inhalt auszufüllen.

III. Die Regelung des § 346 I bis III BGB

§ 346 I bis III BGB enthalten eine detaillierte Regelung des Rückgewährschuldverhältnisses. 168

1. § 346 I BGB

§ 346 I BGB ist dabei Anspruchsgrundlage für die Rückgewähr hinsichtlich aller bisher erbrachter Leistungen und die Herausgabe der gezogenen Nutzungen in natura. 169

hemmer-Methode: Zitieren Sie vollständig. § 346 I BGB hat als Rechtsfolge die Rückgewähr der empfangenen Leistungen und die Herausgabe der gezogenen Nutzungen. Tatbestandsvoraussetzung ist aber auch das Vorliegen eines Rücktrittsgrundes. Ergibt sich dieser Rücktrittsgrund aus dem Gesetz, ist dieser gesetzliche Rücktrittsgrund mitzuzitieren. Richtige Anspruchsgrundlage ist z.B. §§ 437 Nr. 2, 323, 346 I BGB oder §§ 326 V, 323, 346 I BGB.

Nutzungen i.S.d. § 346 I BGB sind in § 100 BGB näher beschrieben. Nutzungen sind danach Früchte (§ 99 BGB), Gebrauchsvorteile (§ 100 BGB) und die durch die Geldleistung des anderen Teils ersparten Schuldzinsen.

Nicht zu den Nutzungen gehören die durch den Verbrauch der Sache entstandenen Vorteile.

§ 346 I BGB ist dabei einheitliche Anspruchsnorm sowohl für die Rückgewähr der erbrachten Leistung als auch der erbrachten Gegenleistung.

> ***Bsp.:*** *Soweit im Rahmen eines Kaufvertrages nach § 433 BGB Kaufpreis und Kaufsache bereits erbracht wurden, können nach ausgeübtem Rücktritt sowohl der Käufer den Kaufpreis als auch der Verkäufer die Kaufsache nach § 346 I BGB (i.V.m. § 323 BGB bzw. §§ 437 Nr. 2, 323 BGB) vom jeweils anderen herausverlangen.*

§ 346 I BGB gilt dabei nur für die Rückgewähr der erbrachten Leistungen und die Herausgabe der gezogenen Nutzungen in natura.

Dies wird durch die Regelung des § 346 II BGB deutlich, der die Fälle regelt, in denen die Rückgewähr oder Herausgabe unmöglich ist.

hemmer-Methode: Merken Sie sich also: § 346 I BGB kommt nur dann zur Anwendung, wenn die Rückgewähr der erbrachten Leistungen bzw. die Herausgabe der gezogenen Nutzungen noch mit dem ursprünglichen Gegenstand möglich ist. Wenn Sie aber in Ihrer Prüfung zu dem Ergebnis gekommen sind, dass § 346 I BGB Anwendung findet und auch keine Teilunmöglichkeit hinsichtlich der Rückgewähr bzw. Herausgabe vorliegt, dürfen Sie nicht mehr § 346 II und III BGB prüfen. Denn diese regeln nur Wertersatz bzw. Ausschluss der Wertersatzpflicht.

2. § 346 II BGB

Anstelle der Rückgewähr der empfangenen Leistungen bzw. der Herausgabe der gezogenen Nutzungen tritt die Wertersatzpflicht des § 346 II BGB, soweit der Wertersatz nicht nach § 346 III BGB ausgeschlossen ist. *170*

§ 346 II S.1 BGB nennt dabei die Fallgruppen, bei denen der Wertersatz an die Stelle der Rückgewähr der erbrachten Leistungen bzw. der Herausgabe der gezogenen Nutzungen tritt.

Nach **§ 346 II S.1 Nr. 1 BGB** ist Wertersatz zu leisten, wenn die Rückgewähr der Leistung bzw. die Herausgabe der gezogenen Nutzungen nach der Natur des Erlangten ausgeschlossen ist. Dies sind solche Leistungen, die aufgrund ihrer Beschaffenheit von vornherein nicht zurückgewährt bzw. herausgegeben werden können. 171

hemmer-Methode: Anknüpfungspunkt hinsichtlich der Unmöglichkeit der Herausgabe ist bei § 346 II S.1 Nr. 1 BGB also die empfangene Sache selbst. § 346 II S.1 Nr. 1 BGB ist also nur einschlägig, wenn die Natur der Sache selbst von Anfang an eine Herausgabe in natura unmöglich macht.

Hierunter fallen insbesondere erbrachte Dienstleistungen oder gewährte Gebrauchsvorteile (z.B. gefahrene Kilometer mit dem Auto). Häufig einschlägig ist die Vorschrift auch bei vielen Werkleistungen, die ihrer Natur nach nicht zurückgewährt werden können, z.B. Gutachten, Beförderung, Theater- oder Konzertaufführungen.

Nach **§ 346 II S.1 Nr. 2 BGB** tritt der Wertersatz an die Stelle der Rückgewähr, wenn der empfangene Gegenstand verbraucht, veräußert, belastet, verarbeitet oder umgestaltet worden ist. 172

Hier ist es also so, dass die Sache zunächst in natura hätte herausgegeben werden können (wenn dies nicht der Fall ist, greift bereits § 346 II S.1 Nr. 1 BGB).

Nur durch eine der in § 346 II S.1 Nr. 2 BGB beschriebenen Handlungen des Rückgewährschuldners ist eine Rückgewähr bzw. Herausgabe in natura nicht mehr möglich.

Nach **§ 346 II S.1 Nr. 3 Hs.1 BGB** tritt der Wertersatz an die Stelle von Rückgewähr bzw. Herausgabe, wenn der empfangene Gegenstand sich verschlechtert hat oder untergegangen ist.

Anmerkung: Unbeachtlich ist nach § 346 II S.1 Nr. 3 Hs. 2 BGB die bestimmungsgemäße Ingebrauchnahme. 173

Das bedeutet, dass, soweit die Verschlechterung des empfangenen Gegenstands auf bestimmungsgemäßer Ingebrauchnahme beruht, eine Wertersatzpflicht nach § 346 II S.1 Nr. 3 Hs.1 BGB nicht besteht.

hemmer-Methode: Lesen Sie hier den Wortlaut des § 346 II S.1 Nr. 3 Hs. 2 BGB genau. Diese Ausnahme hinsichtlich der Wertersatzpflicht gilt nur bei Verschlechterung des empfangenen Gegenstandes, nicht hingegen bei dessen Untergang.

Bestimmungsgemäße Ingebrauchnahme i.S.d. § 346 II S.1 Nr. 3 Hs. 2 BGB ist zum Beispiel die Erstzulassung eines Neuwagens.

Hinsichtlich der Höhe des Wertersatzes gilt § 346 II S.2 BGB. Danach ist, wenn eine Gegenleistung bestimmt ist, diese Gegenleistung bei der Berechnung des Wertersatzes zugrunde zu legen.

Das bedeutet im Gegenschluss, wenn keine Gegenleistung bestimmt ist, dass der Wertersatz nach objektiven Maßstäben zu bemessen ist.

„Zugrunde legen" der Gegenleistung nach § 346 II S.2 Hs.1 BGB heißt, dass eine Berechnung wie nach § 441 III BGB vorzunehmen ist. Denn zugrunde legen bedeutet nicht Identität zwischen Gegenleistung und Wertersatz.

Anmerkung: Zum Anspruch auf Wertersatz vgl. Sie Hemmer/Wüst, Die 55 wichtigsten Fälle Schuldrecht AT, Fall 38. Speziell die Anwendung von § 441 III BGB behandelt Hemmer/Wüst, Die 55 wichtigsten Fälle Schuldrecht AT, Fall 39.

3. Ausschluss der Wertersatzpflicht des § 346 II BGB durch § 346 III BGB

§ 346 III BGB regelt den Ausschluss der Wertersatzpflicht des § 346 II BGB. 174

Nach **§ 346 III S.1 Nr. 1 BGB** ist die Wertersatzpflicht ausgeschlossen, wenn sich der zum Rücktritt berechtigende Mangel erst während der Verarbeitung oder Umgestaltung des Gegenstandes gezeigt hat.

Mit dem Hinweis auf „Verarbeitung oder Umgestaltung des Gegenstandes“ wird klar, dass dieser Ausschlusstatbestand ein Ausnahmetatbestand zu der Wertersatzpflicht des § 346 II S.1 Nr. 2 BGB ist, da dort auch von „verarbeitet oder umgestaltet“ die Rede ist.

Nach **§ 346 III S.1 Nr. 2 BGB** entfällt die Wertersatzpflicht, soweit der Gläubiger die Verschlechterung oder den Untergang zu vertreten hat oder der Schaden bei ihm gleichfalls eingetreten wäre. *175*

An der Wortwahl „Verschlechterung oder Untergang“ zeigt sich, dass § 346 III S.1 Nr. 2 Alt.1 BGB ein Ausnahmetatbestand zu § 346 II S.1 Nr. 3 Hs.1 BGB ist, da dort auch von „verschlechtert oder untergegangen“ gesprochen wird.

Hinsichtlich des Vertretenmüssen des Gläubigers gilt das zu § 323 VI Alt.1 bzw. § 326 II S.1 Alt.1 BGB Gesagte entsprechend.

Nach § 346 III S.1 Nr. 2 Alt.2 BGB entfällt der Wertersatz ebenfalls, wenn der Untergang bei dem Rückgewährgläubiger ebenfalls eingetreten wäre.

Hierbei ist auf die hypothetische Lage abzustellen, wenn der Sachleistungsschuldner gar nicht geleistet hätte. Wäre in dem Fall der Schaden ebenfalls eingetreten, entfällt die Wertersatzpflicht nach § 346 III S.1 Nr. 2 Alt.2 BGB.

Anmerkung: Der für Klausuren wichtigste Tatbestand des Wegfalls der Wertersatzpflicht ist **§ 346 III S.1 Nr. 3 BGB**. *176*

Danach entfällt die Pflicht zum Wertersatz, wenn im Fall eines gesetzlichen Rücktrittsrechts der Rücktrittsberechtigte bei Verschlechterung oder Untergang die eigenübliche Sorgfalt angewandt hat.

Die Wortwahl „Verschlechterung oder Untergang“ zeigt wiederum, dass dies ein Ausnahmetatbestand zu § 346 II S.1 Nr. 3 Hs.1 BGB ist.

Die in § 346 III S.1 Nr. 3 BGB angesprochene „**Sorgfalt...in eigenen Angelegenheiten...**“ wird auch als **diligentia quam in suis** bezeichnet. § 277 BGB stellt klar, dass trotzdem eine Haftung wegen grober Fahrlässigkeit bestehen bleibt. *177*

hemmer-Methode: Sie dürfen aber nicht bereits dann, wenn im Sachverhalt eine nur einfache Fahrlässigkeit des Rücktrittsgläubigers geschildert ist, von einem Vorliegen des § 346 III S.1 Nr. 3 BGB ausgehen.
Sie müssen darlegen, wie der Rücktrittsgläubiger in eigenen Angelegenheiten handelt, müssen also den Sorgfaltsmaßstab in eigenen Angelegenheiten etablieren. Dies gelingt nur dann, wenn weitere Angaben im Sachverhalt vorhanden sind, z.B. „wie immer…“ oder „wie auch sonst…“ oder „wie üblicherweise…“.
Beachten Sie, dass § 346 III S.1 Nr. 3 BGB kraft des ausdrücklichen Wortlauts nur auf ein gesetzliches Rücktrittsrecht anwendbar ist.
Das bedeutet, dass dieser Ausschluss der Wertersatzpflicht auf die oben behandelten Rücktrittsgründe der §§ 323, 324 und 326 V i.V.m. § 323 BGB Anwendung findet (ggf. i.V.m. § 437 Nr. 2 BGB bzw. § 634 Nr. 3 BGB), nicht aber auf ein vertraglich vereinbartes Rücktrittsrecht.

Die Begrenzung dieses Ausschlusstatbestandes auf das gesetzliche Rücktrittsrecht folgt daraus, dass der Rücktrittsberechtigte zunächst gar keine Kenntnis davon hat, zurücktreten zu können.

Daher behandelt er die Sache wie eine eigene, d.h. so, wie er gewöhnlicherweise mit eigenen Sachen umzugehen pflegt.

Diese Privilegierung des gesetzlich Rücktrittsberechtigten rechtfertigt sich auch anhand eines Vergleichs mit dem vertraglich Rücktrittsberechtigten: Beim vertraglichen Rücktritt weiß der Rücktrittsberechtigte immer, dass er die Sache möglicherweise später einmal zurückgeben muss.

Auch das Merkmal der eigenüblichen Sorgfalt in § 346 III S.1 Nr. 3 BGB folgt aus der zunächst fehlenden Kenntnis des gesetzlich Rücktrittsberechtigten vom späteren Rücktritt. Er soll keine erhöhte Sorgfalt walten lassen müssen, sondern kann so mit der Sache umgehen, wie er mit eigenen Sachen umzugehen pflegt.

Ein Problem im Rahmen des § 346 III S.1 Nr. 3 BGB stellt sich ab Kenntnis des Rücktrittsberechtigten von dem Rücktrittsgrund.

Wie ausgeführt, beruht die Privilegierung des gesetzlich Rücktrittsberechtigen nach § 346 III S.1 Nr. 3 BGB auf der Tatsache, dass dieser keine Kenntnis davon hat, zurücktreten zu können, anders als der vertraglich Rücktrittsberechtigte.

Problematisch ist nun die **Anwendbarkeit des § 346 III S.1 Nr. 3 BGB ab Kenntnis** des gesetzlich Rücktrittsberechtigten vom **Rücktrittsgrund**. 178

Nach dem ausdrücklichen Wortlaut differenziert § 346 III S.1 Nr. 3 BGB nicht zwischen vor Kenntnis und nach Kenntnis des Rücktrittsrechts, so dass man aus dem Wortlaut schließen kann, dass die Kenntnis vom gesetzlichen Rücktrittsrecht unbeachtlich ist.

Dagegen spricht aber die ratio des § 346 III S.1 Nr. 3 BGB, d.h. der oben genannte Grund für diese Privilegierung des gesetzlich Rücktrittsberechtigten.

Denn gerade die Nicht-Kenntnis von einem Rücktrittsrecht ist der Grund für diese Privilegierung. Mit Kenntnis fällt der Grund für die Privilegierung aber weg.

Anmerkung: Wie Sie sich entscheiden, ist, wie zumeist in der Rechtswissenschaft, zweitrangig. Wichtig ist jedoch, dass Sie die verschiedenen Standpunkte und deren Auswirkungen für Ihre Lösung aufzeigen und Argumente dafür und dagegen anführen.

hemmer-Methode: Auch an dieser Stelle zeigt sich wiederum, dass Sie mit dem Gesetz arbeiten und argumentieren, aber keine Meinungsstreitigkeiten auswendig lernen müssen!
Argumentieren Sie mit dem Wortlaut und der ratio einer Norm, ziehen Sie die systematische Stellung heran, zeigen Sie – im Wege einer Analogie oder im Wege eines Gegenschlusses – Parallelen zu anderen Normen auf. Wenn Sie so vorgehen, zeigen Sie, dass Sie die juristische Methodik verstanden haben und juristisch argumentieren können. Das Ergebnis Ihrer – derart ausgefeilten – Argumentation ist dann nebensächlich.
Auch wenn nach § 346 III S.1 Nr. 1 bis Nr. 3 BGB der Wertersatz ausgeschlossen ist, darf der Rückgewährschuldner 179
sich durch den Rücktritt nicht bereichern. Dies stellt § 346 III S.2 BGB klar. Danach muss der Rückgewährschuldner, der nach § 346 III S.1 BGB zum Wertersatz nicht verpflichtet ist, eine verbleibende Bereicherung herausgeben.

§ 346 III S.2 BGB ist dabei eine Rechtsfolgenverweisung auf das Bereicherungsrecht, d.h. nur auf die Rechtsfolgen des Bereicherungsrechts nach §§ 818 ff. BGB.

hemmer-Methode: Bei einer Verweisung unterscheidet man zwischen Rechtsgrund- und Rechtsfolgenverweisung.
Bei einer Rechtsgrundverweisung muss der Tatbestand der Norm, auf die verwiesen wird, vollständig vorliegen, d.h. hinsichtlich seiner Voraussetzungen erst geprüft werden.
Bei einer Rechtsfolgenverweisung wird nur auf die Rechtsfolgen einer Norm verwiesen, ohne dass deren Tatbestand vorliegen muss.
Bearbeiten Sie zum Ausschluss des Wertersatzes Hemmer/Wüst, Die 55 wichtigsten Fälle Schuldrecht AT, Fall 40.

IV. Die Regelung des § 346 IV BGB

§ 346 IV BGB stellt klar, dass auch bei einem Rückgewährschuldverhältnis die §§ 280 bis 283 BGB anwendbar sind. 180

Dieser Klarstellung hätte es eigentlich nicht bedurft, da die Rückgewährpflichten nach § 346 I BGB echte Leistungspflichten sind und das Rückgewährschuldverhältnis ein gewöhnliches Schuldverhältnis i.S.d. § 280 I S.1 BGB ist, so dass die §§ 280 ff. BGB ohne weiteres anwendbar sind.

Mit dem Verweis in § 346 IV BGB auf eine „Verletzung einer Pflicht aus Absatz 1" verweist § 346 IV BGB auf die Rückgewähr- und Herausgabepflichten des § 346 I BGB.

Daraus könnte man schließen, dass eine solche Pflicht erst ab Bestehen eines Rückgewährschuldverhältnisses besteht und daher vorher keine solche Pflicht bestand, die verletzt werden könnte. Dieses Argument wird auch dadurch gestützt, dass in § 346 IV BGB nicht auf § 311a II BGB verwiesen wird.

Nach anderer Ansicht sollen die §§ 280 ff. BGB auch schon vor der Rücktrittserklärung gelten. Latent sind nämlich die Rückgewährpflichten allein durch das Bestehen eines Rücktrittsgrundes bereits im Schuldverhältnis angelegt, so dass auch bei Untergang der Sache vor Rücktrittserklärung an eine Haftung aus §§ 280 I, III, 283 BGB zu denken ist.

hemmer-Methode: Auch an dieser Stelle zählen wieder die Argumente, nicht das Ergebnis!

Auch bei den Schadensersatzansprüchen nach §§ 346 IV, 280 ff. BGB ist wiederum das Haftungsprivileg des Rücktrittsberechtigten nach § 346 III S.1 Nr. 3 BGB analog zu beachten. 181

Eine Analogie ist deshalb erforderlich, weil § 346 III S.1 Nr. 3 BGB sich aufgrund seiner Stellung vor § 346 IV BGB und seinem Wortlaut nur auf den Ausschluss der Wertersatzpflicht des Rücktrittsberechtigten bezieht.

Jedoch besteht hier eine vergleichbare Situation. Der Rücktrittsberechtigte hat den Rücktritt nicht zu verantworten, weshalb eine Haftung für jede Fahrlässigkeit, wie sie nach §§ 276 ff. BGB vorgesehen ist, nicht gerechtfertigt wäre.

Auch hier stellt sich wiederum das Problem, ob § 346 III S.1 Nr. 3 BGB auch ab Kenntnis des Rücktrittsberechtigten vom Rücktrittsgrund anzuwenden ist.

Hierzu gilt das oben zur direkten Anwendung des § 346 III S.1 Nr. 3 BGB Gesagte entsprechend.

Anmerkung: Dazu Hemmer/Wüst, Die 55 wichtigsten Fälle Schuldrecht AT, Fall 41.

V. Ersatz von Nutzungen und Verwendungen, §§ 346, 347 BGB

Wie bereits angesprochen, regelt **§ 346 I BGB** nicht nur die Rückgewähr der erbrachten Leistungen, sondern auch die **Herausgabe der gezogenen Nutzungen**. 182

Dies wird in dem Wortlaut des § 346 I BGB hinreichend deutlich.

Auch die Wertersatzpflicht des § 346 II BGB bzw. deren Ausschluss nach § 346 III BGB beziehen sich auch auf die Herausgabe von gezogenen Nutzungen, was im Einleitungssatz des § 346 II S.1 BGB zum Ausdruck kommt: „Statt der Rückgewähr **oder der Herausgabe** hat der Schuldner Wertersatz zu leisten, soweit...".

§ 347 I BGB regelt demgegenüber die **Wertersatzpflicht** des Rückgewährschuldners hinsichtlich **nicht gezogener Nutzungen**.

hemmer-Methode: Machen Sie sich den Unterschied klar. § 346 I BGB regelt die Herausgabe gezogener Nutzungen, § 346 II BGB die Wertersatzpflicht bei Unmöglichkeit der Herausgabe gezogener Nutzungen.
Hingegen regelt § 347 I BGB die Wertersatzpflicht bei nicht gezogenen Nutzungen.

Nach § 347 I S.1 BGB muss der Rückgewährschuldner nicht gezogene Nutzungen nur ersetzen, wenn er sie nach den Regeln einer ordnungsgemäßen Wirtschaft hätte ziehen müssen. 183

Das bedeutet, dass ein objektiver Maßstab anzulegen ist: Hätte ein Dritter bei Beachtung der Pflicht zur ordnungsgemäßen Bewirtschaftung die Nutzungen gezogenen, dann muss der Rückgewährschuldner nach § 347 I S.1 BGB Wertersatz leisten.

Zu beachten ist wiederum – wie auch nach § 346 III S.1 Nr. 3 BGB – die **Privilegierung des gesetzlich Rücktrittsberechtigten**, hier **nach § 347 I S.2 BGB**. 184

Wiederum wird der **Haftungsmaßstab** des gesetzlich Rücktrittsberechtigten nach § 347 I S.2 BGB **auf** die eigenübliche Sorgfalt, die sog. **diligentia quam in suis**, **beschränkt**.

Hintergrund dieser Regelung ist, wie auch bei § 346 III S.1 Nr. 3 BGB, dass der gesetzlich Rücktrittsberechtigte, anders als derjenige, der sein Rücktrittsrecht vertraglich vereinbart hat, keine Kenntnis von einem möglichen Rücktritt hat und daher mit der Sache umgeht wie mit einer eigenen, also auch die Sorgfalt im Umgang mit der Sache anwendet, die er üblicherweise anzuwenden pflegt.

Im Zusammenspiel bedeuten die Regelungen des § 347 I S.1 und S. 2 BGB, dass der gesetzlich Rücktrittsberechtigte nach § 347 I S.1 BGB für nicht gezogene Nutzungen nur dann Wertersatz zu leisten hat, wenn das Nicht-Ziehen der Nutzungen einen Verstoß gegen die eigenübliche Sorgfalt i.S.d. § 277 BGB darstellt.

Wie auch bei § 346 III S.1 Nr. 3 BGB stellt sich bei § 347 I S.2 BGB das Problem, ob die Norm noch nach Kenntnis vom gesetzlichen Rücktrittsrecht anwendbar ist. Insoweit gelten die oben gemachten Ausführungen entsprechend.

Anmerkung: § 347 II BGB regelt den Ersatz von Verwendungen (S.1) und anderen Aufwendungen (S.2). 185

Verwendungen sind freiwillige Vermögensaufwendungen, die – zumindest auch – der Sache zugute kommen, indem sie sie wiederherstellen, erhalten oder verbessern.

Notwendig ist eine Verwendung dann, wenn sie zur Erhaltung oder ordnungsgemäßen Bewirtschaftung der Sache zur Zeit der Vornahme objektiv erforderlich ist.

Eine **Aufwendung** ist die freiwillige Aufopferung von Vermögenswerten im Interesse eines anderen. Verwendungen sind eine auf eine Sache bezogene Untergruppe von Aufwendungen.

Nach § 347 II S.1 BGB sind dem Rückgewährschuldner notwendige Aufwendungen immer zu ersetzen, wenn er die Sache zurückgibt oder Wertersatz leistet (nach § 346 II BGB oder nach § 347 I S.1 BGB) oder wenn die Wertersatzpflicht nach § 346 III S.1 Nr. 1 und Nr. 2 BGB ausgeschlossen ist.

hemmer-Methode: Achten sie hier wiederum genau auf den Wortlaut. Nach § 347 II S.1 BGB werden dem Rückgewährschuldner die notwendigen Verwendungen nicht ersetzt, wenn die Wertersatzpflicht nach § 346 III S.1 Nr. 3 BGB ausgeschlossen ist.

Nach § 347 II S.2 BGB sind dem Rückgewährschuldner andere Aufwendungen (d.h. alle Aufwendungen, die nicht notwendige Verwendungen sind) zu ersetzen, wenn der Rückgewährgläubiger dadurch bereichert ist.

Für die Frage der Bereicherung ist auf die subjektive Sicht des Rückgewährgläubigers abzustellen.

Anmerkung: Zum Nutzungs- und Verwendungsersatz beim Rücktritt vgl. Sie Hemmer/Wüst, Die 55 wichtigsten Fälle Schuldrecht AT, Fälle 42 und 43.

§ 7 Kündigung von Dauerschuldverhältnissen

Die **Kündigung** ist eine einseitige, auf Beendigung eines Dauerschuldverhältnisses gerichtete empfangsbedürftige Willenserklärung. Die Kündigung ist zugleich ein Gestaltungsrecht, das das Dauerschuldverhältnis für die Zukunft (ex nunc) beendet. 186

Die Kündigung von Dauerschuldverhältnissen ist in § 314 BGB geregelt.

Beachten Sie bereits hier, dass es zahlreiche Kündigungs- 187
vorschriften im BGB gibt, die dem § 314 BGB als leges speciales vorgehen. So regeln z.B. §§ 490, 543, 569, 626 und 723 BGB die Kündigung aus wichtigem Grund.

Aufgrund dieser Vielzahl von Spezialvorschriften hat § 314 BGB nur für atypische, gesetzlich nicht geregelte Dauerschuldverhältnisse Bedeutung.

Ein **Dauerschuldverhältnis** (§ 314 I S.1 BGB) liegt vor, 188
wenn der Gesamtumfang der von den Parteien zu erbringenden Leistungspflichten von der Dauer der Rechtsbeziehung abhängt, d.h. wenn in einem bestimmten zeitlichen Rahmen immer neue Leistungspflichten entstehen.

Zu den Dauerschuldverhältnissen zählen unter anderem Mietvertrag, Dienst- und Arbeitsvertrag und der Gesellschaftervertrag.

§ 314 BGB stellt klar, dass es im Dauerschuldverhältnis für jeden Vertragsteil ein Recht zur außerordentlichen, d.h. im Regelfall fristlosen Kündigung aus wichtigem Grund gibt.

hemmer-Methode: Die ordentliche unterscheidet sich von der außerordentlichen Kündigung dadurch, dass die ordentliche Kündigung fristgebunden aber grundlos möglich ist, während die außerordentliche Kündigung fristlos aber nur mit wichtigem Grund möglich ist. Anders z.B. im Arbeitsrecht bei Anwendbarkeit des KSchG.

Zum Verhältnis von Kündigung und Rücktritt gilt bei Dauer- 189
schuldverhältnissen, dass § 314 BGB (bzw. die jeweilige Spezialvorschrift) dem Grundsatz nach den Rücktritt nach §§ 323 ff. BGB verdrängt.

Denn § 314 BGB wurde geschaffen, um die durch einen Rücktritt zu befürchtenden Rückabwicklungsschwierigkeiten zu vermeiden. Diese Vermeidungswirkung folgt daraus, dass die Kündigung – anders als der Rücktritt – nur für die Zukunft wirkt und daher bei der Kündigung keine Rückabwicklungsschwierigkeiten auftreten können.

Im Gegenschluss folgt aber aus diesem Zweck des § 314 BGB, dass, wenn ein Dauerschuldverhältnis noch nicht in Vollzug gesetzt wurde und folglich auch keine Rückabwicklungsschwierigkeiten auftreten können, die §§ 323 ff. BGB anwendbar bleiben.

Anmerkung: Beachten Sie, dass beim Dauerbezugsvertrag, hinsichtlich der Einzelleistungen (der einzelnen Raten) die §§ 323 ff. BGB anwendbar bleiben. Der Vorrang des § 314 BGB gegenüber §§ 323 ff. BGB gilt hier nur bezüglich des gesamten Vertrages.

Voraussetzungen des Kündigungsrechts nach § 314 BGB 190

1. Bestehen eines Dauerschuldverhältnisses, § 314 I S.1 BGB
2. Einhaltung der Kündigungserklärungsfrist, § 314 III BGB

Vorliegen eines wichtigen Grundes, § 314 I S.2 BGB

Zunächst muss also zwischen den Parteien ein **Dauerschuldverhältnis** vorliegen. Zusätzlich zu dem oben bereits Ausgeführten nur soviel: Beachten Sie stets, ob wirklich ein Dauerschuldverhältnis vorliegt oder z.B. nur ein Ratenlieferungsvertrag. Beim Ratenlieferungsvertrag ist die Leistung von Anfang an zahlenmäßig bestimmt, anders als beim Dauerbezugsvertrag.

§ 314 III BGB regelt, dass die Kündigung innerhalb einer angemessenen Frist nach Kenntnis vom Kündigungsgrund erfolgen muss.

Mit dem Begriff „**Kündigungserklärungsfrist**“ machen Sie hinreichend klar, dass diese Frist nichts mit der Kündigungsfrist z.B. bei einer ordentlichen Kündigung zu tun hat. 191

Diese Vorschrift will aus Vertrauensschutzgründen gegenüber demjenigen, der einen möglichen Anlass für die Kündigung gegeben hat, verhindern, dass eine Kündigung auf einen lange in der Vergangenheit liegenden Sachverhalt gestützt wird.

hemmer-Methode: Wie auch im Arbeitsrecht nach § 626 II S.1 BGB wird nach Ablauf der Kündigungserklärungsfrist quasi das Nichtvorliegen eines wichtigen Grundes nach § 314 I, II BGB fingiert. Deshalb ist die Prüfung dieser Kündigungserklärungsfrist auch vorrangig vor der Prüfung des wichtigen Grundes.

Was eine „**angemessene**" Frist nach § 314 III BGB bedeutet, ist eine **Frage des Einzelfalls**, insbesondere der Umstände des jeweiligen Dauerschuldverhältnisses. Zu fragen ist, ob der andere Vertragsteil bereits darauf vertrauen konnte, dass aufgrund der fraglichen Tatsachen keine Kündigung mehr ausgesprochen wird. 192

hemmer-Methode: Die Erklärungsfrist des § 626 II S.1 BGB von zwei Wochen kann hier nicht analog angewandt werden, da diese Frist eine arbeitsrechtliche Besonderheit darstellt.

Hinsichtlich der Kenntnis vom Kündigungsgrund nach § 314 III BGB ist auf den Kündigungsberechtigten abzustellen.

Nach dem Ablauf der Erklärungsfrist des § 314 III BGB kann der Kündigende seine Kündigung nicht mehr auf die Tatsachen stützen, hinsichtlich der er die Erklärungsfrist versäumt hat. Insoweit ist der Kündigende also hinsichtlich dieser Tatsache präkludiert.

Für die Einhaltung der Kündigungserklärungsfrist ist auf den Zeitpunkt des Wirksamwerdens der Kündigung, regelmäßig also auf den Zugang nach § 130 I S.1 BGB, abzustellen.

Weiterhin muss ein **wichtiger Grund** vorliegen, § 314 I, II BGB. 193

Dieser wichtige Grund wird – wie in § 626 BGB – in zwei Schritten geprüft:

1. Vorliegen eines als Kündigungsgrund **generell geeigneten** Sachverhalts.
2. Umfassende **Interessenabwägung im Einzelfall**.

hemmer-Methode: Prüfungsschemata dienen keinem Selbstzweck, sondern sollen Gedankengänge strukturieren. Dieses Schema ist so kurz und gleichzeitig so üblich und verbreitet (insbesondere bei § 626 BGB dürfen Sie nicht anders vorgehen), dass Sie es sich merken sollten.

Auf der ersten Prüfungsstufe sollen lediglich die Sachverhalte ausgeschieden werden, die niemals eine Kündigung rechtfertigen können. Diese Stufe dient also sozusagen als Grobfilter.

Der Schwerpunkt der Prüfung eines wichtigen Grundes liegt in der umfassenden Abwägung der beiderseitigen Interessen. In diese Abwägung fließen insbesondere die Sachverhaltsangaben ein.

Ein wichtiger Grund liegt nach § 314 I S.2 BGB vor, wenn dem Kündigenden die Fortsetzung des Vertrages bis zum vereinbarten Ende oder dem Ablauf der ordentlichen Kündigungsfrist nicht mehr zugemutet werden kann.

Der wichtige Grund kann sich aus der Person des Vertragspartners ergeben. Zumeist geht es jedoch um eine Kündigung aufgrund einer Pflichtverletzung des Vertragspartners.

Bei einer Pflichtverletzung als Kündigungsgrund ist § 314 II BGB zu beachten. Nach § 314 II S.1 BGB ist vor einer Kündigung aus wichtigem Grund grundsätzlich erst eine Nachfrist zu setzen bzw. abzumahnen. Die Abmahnung bzw. Nachfristsetzung kann jedoch nach §§ 314 II S.2, 323 II BGB ausnahmsweise entbehrlich sein.

hemmer-Methode: Hier kommt der Charakter der Kündigung als letztes Mittel, als „ultima ratio" zum Ausdruck. Der Kündigende soll erst alles versucht haben, deswegen auch die Regelung des § 314 II BGB, bevor ihm das „schneidige" Mittel der Kündigung gewährt wird.
Dazu Hemmer/Wüst, Die 55 wichtigsten Fälle Schuldrecht AT, Fall 44.

§ 8 Störung der Geschäftsgrundlage

Die Störung der Geschäftsgrundlage ist in § 313 BGB geregelt. 194

Dabei geht es um das Fehlen oder den Wegfall von Umständen, die für eine Vertragspartei so wesentlich sind, dass eine Vertragsänderung oder gar eine Vertragsaufhebung erforderlich wird.

Anmerkung: Es ist zu beachten, dass dieses Rechtsinstitut äußerst selten eingreift, da es auch eine eng begrenzte Ausnahme zu dem Grundsatz „pacta sunt servanda“ (d.h. Verträge sind einzuhalten) darstellt.

§ 313 BGB ist aus diesem Grund hauptsächlich in bestimmten Konstellationen anwendbar, mithin grundsätzlich subsidiär.

§ 313 BGB ist insbesondere **subsidiär**: 195

- zur ergänzenden Vertragsauslegung. Voraussetzungen der ergänzenden Vertragsauslegung sind eine ungewollte Lücke im Vertrag, eine Lücke im Gesetz (d.h. keine gesetzliche Regelung und auch keine Auslegungshilfe) und ein dahingehender hypothetischer Parteiwille;
- zur vertraglichen Vereinbarung, die durch Auslegung, §§ 133, 157 BGB, zu ermitteln ist. Hier sind vor allem die vertraglichen Risikosphären zu beachten. So trägt z.B. der Käufer das Finanzierungsrisiko, das Verwendungsrisiko und das Verwertungsrisiko. **Diese vertragliche Risikoverteilung darf nicht durch die Anwendung des § 313 BGB umgangen werden**;
- zu Mängel- und Gewährleistungsrechten (§§ 434 ff. BGB, 633 ff. BGB etc.);
- zur Unmöglichkeit nach § 275 BGB. Beachten Sie hier die Ausnahme, wonach § 313 BGB bei wirtschaftlicher Unmöglichkeit Anwendung findet.

Voraussetzungen der Störung der Geschäftsgrundlage nach § 313 I BGB

1. Reales Element: „Umstände, die zur Grundlage des Vertrages geworden sind, ...schwerwiegend verändert".
2. Hypothetisches Element: „...hätten die Parteien den Vertrag nicht oder mit anderem Inhalt geschlossen, wenn ...".
3. Normatives Element: „...soweit einem Teil...das Festhalten am unveränderten Vertrag nicht zugemutet werden kann.". 196

⇨ **RECHTSFOLGE:** Anpassung des Vertrags, § 313 I BGB, ausnahmsweise Auflösung des Vertrags nach § 313 III BGB.

Hinsichtlich des realen Elements gilt, dass die „Umstände, die zur Grundlage des Vertrages geworden sind", von mindestens einer Partei vorausgesetzt worden sein müssen und die andere Partei dies erkennen musste.

Nach § 313 I BGB müssen sich diese Umstände nach Vertragsschluss schwerwiegend verändert haben. Dem ist nach § 313 II BGB gleichgestellt, wenn sich nach Vertragsschluss herausstellt, dass wesentliche Vorstellungen von Anfang an falsch waren.

Dieser fragliche Umstand muss für die Partei, die ihn vorausgesetzt hat, so wesentlich sein, dass sie ohne diesen Umstand den Vertrag nicht bzw. nicht so geschlossen hätte, sog. **hypothetisches Element**.

Hier ist also zu fragen, ob die Partei bei Kenntnis des Nichtbestehens des Umstands (§ 313 II BGB) bzw. bei Kenntnis des späteren Wegfalls des Umstands (§ 313 I BGB) den Vertrag überhaupt nicht bzw. nur anders geschlossen hätte.

Auf der Wertungsebene, d.h. dem **normativen Element**, ist schließlich die Zumutbarkeit des Festhaltens am Vertrag für die Partei zu prüfen, welche die weggefallenen Umstände vorausgesetzt hat.

Auf dieser Ebene ist nach § 313 I BGB am Ende eine umfassende Abwägung unter der Berücksichtigung aller Umstände des Einzelfalls vorzunehmen.

Wie bereits angedeutet, findet § 313 BGB insbesondere in bestimmten Konstellationen Anwendung.

Diese Konstellationen sind:

⇨ **Zweckstörung**: Hier kann der geschuldete Erfolg vom Schuldner noch herbeigeführt werden, der Gläubiger hat aber an ihm kein Interesse. Unterscheiden Sie von der Zweckstörung die Zweckerreichung und den Zweckfortfall, die beide einen Unterfall der Unmöglichkeit nach § 275 I BGB darstellen. Hierzu auch unter § 5 C.

⇨ <u>**Wirtschaftliche**</u> **Unmöglichkeit**: Hier liegt kein Fall des § 275 BGB vor. Durch das Leistungserschwernis aus wirtschaftlichen Gründen wird die Zumutbarkeitsgrenze für den Schuldner überschritten.

Die **Abgrenzung zur** in § 275 II S.1 BGB geregelten **praktischen Unmöglichkeit** ist schwierig, aber anhand der folgenden **Faustformel** grob umschrieben: Bei der **praktischen Unmöglichkeit** ist die **Leistung theoretisch möglich, aber sinnlos**; bei der **wirtschaftlichen Unmöglichkeit ist die Leistung sinnvoll, aber (unzumutbar) teuer**. 197

⇨ **Äquivalenzstörung**: In sehr seltenen Fällen bei gegenseitigen Verträgen (Ausnahmesituationen wie z.B. Inflation), wenn eine extreme Abweichung von Leistung und Gegenleistung vorliegt und diese Abweichung völlig unvorhersehbar war.

⇨ **Doppelter Motivirrtum**: Dies sind Fälle, in denen <u>beide</u> Parteien über ein dem Vertrag zugrunde liegendes Motiv irren. Beachten Sie: Nach anderer Ansicht ist hier immer § 119 II BGB anzuwenden und damit § 313 BGB nicht anwendbar, da immer nur derjenige das Geschäft anfechten wird, für den es nachteilig war.

Beispiel für wirtschaftliche Unmöglichkeit: *Ein abzuschleppendes Schiff sinkt vor Eintreffen des Abschleppkahns und liegt nun am Meeresboden auf 50 m Tiefe. Die Kosten für Bergung und Reparatur steigen um 60%. Die Abgrenzung zwischen praktischer Unmöglichkeit nach § 275 II BGB und wirtschaftlicher Unmöglichkeit nach § 313 BGB ist auch hier schwierig. Zur Kontrolle kann man fragen, ob es denkbar ist, dass der Schuldner den erhöhten Aufwand bei entsprechender Erhöhung der Vergütung akzeptieren würde. Wenn diese Frage zu bejahen ist, liegt eher eine wirtschaftliche Unmöglichkeit, § 313 BGB, vor. Da hier wohl der Schuldner die Erbringung der Bergungs- und Reparaturleistung bei entsprechender Erhöhung der Vergütung akzeptieren würde, liegt wirtschaftliche Unmöglichkeit, also ein Fall des § 313 BGB, vor.*

Rechtsfolge des § 313 BGB ist grundsätzlich gemäß § 313 I BGB ein Anspruch der unzumutbar belasteten Partei auf Vertragsanpassung. 198

In Ausnahmefällen, d.h. wenn eine Vertragsanpassung nicht möglich oder einem Vertragsteil nicht zumutbar ist, tritt an die Stelle des Anspruchs auf Vertragsanpassung nach § 313 III BGB ein Recht zum Rücktritt (S.1) bzw. bei Dauerschuldverhältnissen ein Recht zur Kündigung anstelle des Rechts zum Rücktritt (S.2).

Anmerkung: Zum Wegfall der Geschäftsgrundlage vgl. Sie Hemmer/Wüst, Die 55 wichtigsten Fälle Schuldrecht AT, Fall 45.

§ 9 Erlöschen von Schuldverhältnissen

A. Allgemeines

Erlöschen des Schuldverhältnisses bedeutet, dass das **Schuldverhältnis im engeren Sinn**, d.h. die Forderung i.S.d. § 194 I BGB, **beendigt wird bzw. wegfällt**. 199

Das Erlöschen begründet eine rechtsvernichtende Einwendung und ist damit im Prozess von Amts wegen zu berücksichtigen.

hemmer-Methode: Beachten Sie jedoch bereits hier die Ausnahmen des § 275 II und III BGB. Unmöglichkeit nach § 275 BGB ist auch ein Erlöschensgrund. § 275 I BGB ist eine von Amts wegen zu berücksichtigende rechtsvernichtende Einwendung. Hingegen sind § 275 II und III BGB als rechtsvernichtende Einreden ausgestaltet, müssen also erst erhoben werden.

Das bedeutet regelmäßig, dass dadurch auch das Schuldverhältnis im weiteren Sinn, also das gesamte Rechtsverhältnis zwischen den Beteiligten, wegfällt. Es können sich jedoch aus dem Schuldverhältnis im weiteren Sinn auch nach Erlöschen der Forderung noch nachwirkende Pflichten ergeben.

> ***Bsp.:*** *Der Arzt A überträgt seine Praxis an den Arzt B. Damit hat A die Pflicht aus dem Kaufvertrag mit B gemäß § 362 I BGB erfüllt, so dass die Forderung aus §§ 453 I, 433 I S.1 BGB des B gegenüber A erloschen ist. Jedoch ergeben sich aus dem Schuldverhältnis im weiteren Sinne (dem Kaufvertrag) nachwirkende Treuepflichten. So darf A – je nach Konstellation – nicht in derselben Straße bzw. derselben Stadt wiederum eine Arztpraxis eröffnen. Denn ungeschriebener Inhalt des Vertrags ist aus der nachwirkenden Treuepflicht ein Konkurrenzverbot, da Gegenstand des Vertrags nicht nur die Räumlichkeiten und Geräte sind, sondern auch die Aussicht, die Patienten des A zu versorgen.*

Abschnitt 4 vor § 362 BGB heißt „**Erlöschen der Schuldverhältnisse**“. Aus der Systematik des BGB ergibt sich damit, dass **in den §§ 362 ff. BGB bis einschließlich § 397 BGB Erlöschensgründe** geregelt sind.

Jedoch sind die §§ 362 ff. BGB hinsichtlich der Erlöschensgründe nicht vollständig.

Zum einen gibt es außerhalb der §§ 362 ff. BGB gesetzlich geregelte Erlöschensgründe wie die Unmöglichkeit nach § 275 BGB oder den Eintritt einer auflösenden Bedingung nach § 158 II BGB bzw. den Zeitablauf nach § 163 BGB.

Nicht ausdrücklich geregelt sind die Fälle des Aufhebungsvertrages, der Novation und der Konfusion.

B. Einzelne Erlöschensgründe

I. Unmöglichkeit, § 275 BGB

Zur Unmöglichkeit wiederholen Sie die Ausführungen unter Rn. 25 ff. 200

II. Erfüllung, § 362 BGB

Gemäß § 362 I BGB erlischt das Schuldverhältnis, wenn die geschuldete Leistung an den Gläubiger bewirkt wird. 201

Rechtsnatur der Erfüllung ist (nach herrschender Ansicht, der sog. **Theorie der realen Leistungsbewirkung** im Gegensatz zur Vertragstheorie, die einen Erfüllungsvertrag vorsieht) ein **Realakt**. Dafür spricht vor allem der **Wortlaut** des § 362 I BGB, der von „**bewirkt**" spricht.

Unter Leistung i.S.d. § 362 I BGB ist im Regelfall der Leistungserfolg, nicht die Leistungshandlung zu verstehen. Nur wenn das Schuldverhältnis selbst keinen Erfolg erfordert, wie z.B. bei einem Dienstvertrag, ist die Tätigkeit als solche geschuldet. 202

Der Inhalt der Leistung ergibt sich aus dem zu erfüllenden Schuldverhältnis und muss im Einzelfall sorgfältig durch Auslegung, §§ 133, 157 BGB, ermittelt werden.

Der Leistungsort ergibt sich aus §§ 269 f. BGB, die Leistungszeit aus § 271 BGB oder den Sondervorschriften zur Fälligkeit.

Tatbestandsmerkmal des § 362 I BGB ist nicht „durch den Schuldner". Das bedeutet, dass Erfüllung – außer bei höchstpersönlichen Rechtsgeschäften – auch durch einen Erfüllungsgehilfen nach § 278 BGB oder durch Dritte bewirkt werden kann, vgl. §§ 267, 268 BGB.

Bei einer **Leistung durch einen Dritten nach § 267 I S.1 BGB** ist aber die **ungeschriebene Tatbestandsvoraussetzung** der **Tilgungsbestimmung** zu beachten, denn da ein Dritter leistet, muss der Wille, eine fremde Schuld zu tilgen (sog. Fremdtilgungswille), objektiv erkennbar sein. 203

Die Leistung muss **„an den Gläubiger"** bewirkt werden. Das heißt, dass der Gläubiger bekommen muss, was er nach der ihm zustehenden Forderung zu beanspruchen hat. 204

Erfüllung tritt aber nur ein, wenn der Gläubiger zur Annahme der Leistung befugt ist. Diese Befugnis wird **Empfangszuständigkeit** genannt.

Regelmäßig ist der Gläubiger empfangszuständig.

Eine Leistung an den Gläubiger befreit den Schuldner aber dann nicht, wenn dem Gläubiger die Verfügungsmacht über die Forderung entzogen ist oder der Gläubiger geschäftsunfähig bzw. in der Geschäftsfähigkeit beschränkt ist.

Beispiele für eine Entziehung der Verfügungsmacht: 205

- § 80 I InsO: „...das Recht des Schuldners, [über] das zur Insolvenzmasse gehörende Vermögen ...**zu verfügen**"... geht auf den Insolvenzverwalter über".
- § 829 I S.2 ZPO: „Zugleich hat das Gericht an den Schuldner das Gebot zu erlassen, sich jeder **Verfügung** über die Forderung...zu enthalten".
- § 1984 I S.1 BGB: „Mit der Anordnung der Nachlassverwaltung verliert der Erbe die Befugnis,...über [den Nachlass]...**zu verfügen**."
- § 2211 I BGB: „Über einen der Verwaltung des Testamentsvollstreckers unterliegenden Nachlassgegenstand kann der Erbe **nicht verfügen**".

Typischer Klausurfall der fehlenden Empfangszuständigkeit ist die beschränkte Geschäftsfähigkeit des Gläubigers, v.a. also Minderjährigkeit.

Ausnahmen von der Leistung an den empfangszuständigen Gläubiger sind:

- § 362 II BGB, sog. Empfangsermächtigung. Der Verweis auf § 185 BGB bedeutet, dass die Leistung an einen anderen als den Gläubiger dann befreiende Wirkung hat, wenn der Gläubiger dem Gläubiger vorher eine entsprechende Einwilligung erteilt hat, an einen Dritten zu leisten, § 185 I BGB, oder wenn später einer der Tatbestände des § 185 II BGB eintritt, insbesondere der Gläubiger genehmigt.

- § 370 BGB. Hier gilt der Überbringer einer Quittung bei Redlichkeit des leistenden Schuldners kraft Gesetzes als empfangsermächtigt. Beachten Sie, dass es sich um eine echte Quittung handeln muss, eine gefälschte oder verfälschte Quittung genügt nicht. *206*

- Nach §§ 407 ff. BGB bei der Forderungsabtretung; beachten Sie hier auch § 354a S. 2 HGB.

- §§ 566b, 566c, 566e I, 793 I S.1, 808 I S.1, 893, 851, 2367, 2368 BGB: In all diesen Fällen wird an den ursprünglichen Inhaber eines Rechts geleistet, der nun nicht mehr Rechtsinhaber ist, für den aber noch ein Rechtsschein der Inhaberschaft spricht. Zumeist ist auch Gutgläubigkeit des Schuldners erforderlich.

III. Erfüllungssurrogate

1. Leistung an Erfüllungs statt, § 364 I BGB

Erfüllung kann auch eintreten, obwohl der Schuldner nicht die geschuldete Leistung bewirkt. Das ist dann der Fall, wenn die Parteien dem Schuldner die Befugnis einräumen, das Schuldverhältnis durch eine andere als die geschuldete Leistung zum Erlöschen zu bringen. *207*

Gemäß **§ 364 I BGB** kann eine solche Vereinbarung über eine solche Leistung anstelle der Erfüllung nach § 362 I BGB, also **an Erfüllungs statt**, bei Erbringung der anderen als der geschuldeten Leistung getroffen werden.

Eine solche **Vereinbarung** kann jedoch auch bereits **vorher** zustande kommen. In diesem Fall hat der Schuldner eine so genannte **Ersetzungsbefugnis** (lateinisch: facultas alternativa).

Das bedeutet, dass der Schuldner ab Vereinbarung das Recht hat, eine andere als die geschuldete Leistung zu erbringen und damit das Schuldverhältnis durch Leistung an Erfüllungs statt zum Erlöschen zu bringen.

hemmer-Methode: Mit der Vereinbarung, dass der Schuldner eine andere als die geschuldete Leistung an Erfüllungs statt erbringen kann, wird diese andere Leistung also nicht zur geschuldeten Leistung! Leistungsinhalt bleibt das ursprünglich Vereinbarte, nur kann der Schuldner die vereinbarte andere Leistung erbringen und wird dadurch frei.
Weitere Konsequenzen daraus sind, dass der Gläubiger keinen Anspruch auf die vereinbarte andere Leistung hat, sondern nur auf die ursprüngliche Leistung. Wird diese ursprüngliche Leistung unmöglich gemäß § 275 BGB, so wird der Schuldner selbst dann frei, wenn die andere, also die „Ersatzleistung", noch möglich sein sollte.

Ob eine solche Vereinbarung getroffen wurde, die auch konkludent möglich ist, muss durch Auslegung, §§ 133, 157 BGB, ermittelt werden.

Problematisch wird die Leistung an Erfüllungs statt (und damit auch die Ersetzungsbefugnis), **wenn die erbrachte andere Leistung mangelhaft ist**. *208*

Bei Mangelhaftigkeit der Sache lebt die erloschene Forderung, vgl. § 364 I BGB: „Das Schuldverhältnis erlischt...", nicht automatisch wieder auf.

Denn hier verweist § 365 BGB bei Mangelhaftigkeit auf die „Gewähr" des Verkäufers, also die kaufrechtlichen Mängelrechte, die in § 437 BGB aufgezählt sind.

Diese Haftung nach §§ 365, 437 ff. BGB gilt jedoch nur, wenn der Schuldner hinsichtlich des – nach § 364 I BGB erloschenen – Schuldverhältnisses voll haftet.

Ergibt sich aus dem ursprünglichen Schuldverhältnis eine Privilegierung, z.B. bei der Schenkung nach §§ 521, 523, 524 BGB, so gilt diese Privilegierung auch hier, geht also als lex specialis den §§ 365, 437 ff. BGB vor.

2. Leistung erfüllungshalber, § 364 II BGB

§ 364 II BGB selbst trifft keine Regelungen über die Leistung erfüllungshalber, sondern gibt nur eine Vermutung dafür, wann keine Leistung an Erfüllungs statt vorliegt. *209*

Die Leistung erfüllungshalber führt nicht zum Erlöschen der ursprünglich geschuldeten Leistung.

Anders als bei der Leistung an Erfüllungs statt **tritt** bei der Leistung erfüllungshalber **die Erfüllung erst ein, wenn sich der Gläubiger aus dem Geleisteten befriedigt hat**.

Der Gläubiger erhält durch die Leistung erfüllungshalber eine zusätzliche Befriedigungsmöglichkeit, während die bisherige Forderung, also das Schuldverhältnis im engeren Sinn, weiter besteht.

Typische Beispiele für eine Leistung erfüllungshalber sind Scheck und Wechsel. Hier tritt die Erfüllung also nicht bereits mit Aushändigung des Schecks oder Wechsels ein, sondern erst dann, wenn Scheck oder Wechsel eingelöst wurden, d.h. mit Barzahlung oder Gutschrift auf dem Konto.

3. Hinterlegung, §§ 372 ff. BGB, § 373 HGB

Unter den Voraussetzungen des § 378 BGB „wird der Schuldner durch die Hinterlegung von seiner Verbindlichkeit in gleicher Weise befreit, wie wenn er zur Zeit der Hinterlegung an den Gläubiger geleistet hätte.“ 210

Das bedeutet, dass der **Hinterlegung unter den Voraussetzungen des § 378 BGB <u>Erfüllungswirkung</u>** zukommt.

Voraussetzungen für die Erfüllungswirkung der Hinterlegung nach § 378 BGB sind: 211

a. Hinterlegungsfähigkeit der Sache, § 372 S.1 BGB

b. Vorliegen eines Hinterlegungsgrundes, § 372 S.1, S.2 BGB

c. Richtiger Hinterlegungsort, § 374 I BGB

d. Ausschluss der Rücknahme, §§ 378, 376 II BGB

In § 373 HGB sind gegenüber den Vorschriften des BGB Erleichterungen vorgesehen.

Wie immer gelten auch für Handelsgeschäfte, soweit im Handelskauf keine Sonderregeln vorgesehen sind, die allgemeinen Regeln des BGB.

Die **hinterlegungsfähigen Sachen** sind in **§ 372 S.1 BGB** genannt. Dies sind Geld, Wertpapiere, sonstige Urkunden (z.B. Legitimationspapiere i.S.d. § 808 BGB) und Kostbarkeiten. 212

Nicht hinterlegungsfähige Sachen kann der Schuldner nach § 383 I BGB jedoch bei Annahmeverzug des Gläubigers im Wege des Selbsthilfeverkaufs am Leistungsort öffentlich versteigern lassen und den dabei erzielten Erlös (als hinterlegungsfähige Sache „Geld" i.S.d. § 372 S.1 BGB) hinterlegen.

Für den Handelskauf erweitert § 373 I HGB die hinterlegungsfähigen Sachen auf jegliche Arten von Waren.

Die **Hinterlegungsgründe sind in § 372 S.1, S.2 BGB normiert.** 213

Hinterlegungsgründe sind danach Annahmeverzug des Gläubigers (genannt in § 372 S.1 BGB) nach den §§ 293 ff. BGB, in der Person des Gläubigers liegende Gründe (§ 372 S.2 Alt.1 BGB) und Ungewissheit über die Person des Gläubigers (§ 372 S.2 Alt.2 BGB).

Der **Hinterlegungsort ist in § 374 I BGB normiert.** 214

Danach hat die Hinterlegung bei der Hinterlegungsstelle des Leistungsortes zu erfolgen. Nach § 1 II HinterlO (Schönfelder Nr. 121) ist dies das jeweilige Amtsgericht.

Für den Handelskauf erweitert § 373 I HGB den Hinterlegungsort auf öffentliche Lagerhäuser und sonst sichere Weisen der Hinterlegung.

Schließlich muss **für** die **Erfüllungswirkung der Hinterlegung** nach dem ausdrücklichen Wortlaut des § 378 BGB die **Rücknahme der hinterlegten Sache** ausgeschlossen sein. 215

Wann die Rücknahme ausgeschlossen ist, regelt **§ 376 II BGB**.

Danach ist die Rücknahme ausgeschlossen bei Verzicht des Schuldners auf die Rücknahme (§ 376 II Nr. 1 BGB), Erklärung der Annahme durch den Gläubiger gegenüber der Hinterlegungsstelle (§ 376 II Nr. 2 BGB) oder bei Feststellung der Rechtmäßigkeit der Hinterlegung aufgrund eines rechtskräftigen Urteils zwischen den Beteiligten (§ 376 II Nr. 3 BGB).

Liegen die Voraussetzungen für die Erfüllungswirkung der Hinterlegung nach § 378 BGB vor, hat die Hinterlegung schuldbefreiende Wirkung, sobald das Rücknahmerecht des Schuldners nach § 376 II BGB ausgeschlossen ist.

Anmerkung: Die Schuld erlischt mit ex-tunc-Wirkung ab dem Zeitpunkt der Hinterlegung.

Wenn die Rücknahme nicht nach § 376 II BGB ausge- *216*
schlossen, der Schuldner also nach § 376 I BGB zur Rücknahme der hinterlegten Sache berechtigt ist, wird der Schuldner durch die Hinterlegung nicht endgültig von seiner Schuld befreit.

Jedoch kann der Schuldner den Gläubiger bei nicht ausgeschlossener Rücknahme (§ 376 I BGB) nach § 379 I BGB auf die hinterlegte Sache verweisen.

Das bedeutet, dass dem Schuldner insoweit durch die Hinterlegung ein Leistungsverweigerungsrecht, also eine Einrede gegenüber dem Erfüllungsverlangen des Gläubigers zusteht.

4. Aufrechnung, §§ 387 ff. BGB

Anmerkung: Die Aufrechnung ist die wechselseitige Tilgung *217*
zweier sich gegenüberstehender Forderungen durch einseitiges Rechtsgeschäft.

§ 389 BGB regelt die Wirkung der Aufrechnung. Danach gelten sich deckende Forderungen ab dem Zeitpunkt als erloschen, in welchem sie zur Aufrechnung geeignet einander gegenübergetreten sind.

Die **Aufrechnung** ist also für die jeweiligen Forderungen ein **Erlöschensgrund**. Sie bewirkt die Tilgung der Hauptforderung und ist damit ein Erfüllungssurrogat. Nach dem ausdrücklichen Wortlaut des § 389 BGB tritt die Wirkung der Aufrechnung ex tunc ein, d.h. ab dem Zeitpunkt des erstmaligen Gegenüberstehens.

Unterscheiden Sie Haupt- oder Passivforderung von Gegen- oder Aktivforderung.

Die **Haupt- oder Passivforderung** ist die Forderung, gegen die aufgerechnet wird, d.h. die **Forderung gegen den Aufrechnenden**.

Die **Gegen- oder Aktivforderung** ist die Forderung, mit der aufgerechnet wird, d.h. die **Forderung desjenigen, der aufrechnen will**.

Voraussetzungen der Aufrechnung sind: 218

a. Gegenseitigkeit der Forderungen („einander" in § 387 BGB)

b. Gleichartigkeit des Leistungsgegenstandes („gleichartig" in § 387 BGB)

c. Gültigkeit, Fälligkeit und Durchsetzbarkeit der Gegen- oder Aktivforderung („sobald er die ihm gebührende Leistung fordern...kann" in § 387 BGB)

d. Bestehen und Erfüllbarkeit der Haupt- oder Passivforderung („sobald er...die ihm obliegende Leistung bewirken kann" in § 387 BGB)

e. Nichteingreifen eines Aufrechnungsverbots nach §§ 390 ff. BGB

f. Aufrechnungserklärung, § 388 BGB

219

Anmerkung: Gegenseitigkeit bedeutet, dass der Gläubiger der einen Forderung Schuldner der anderen Forderung sein muss und umgekehrt.

Das Aufrechnungsrecht des § 387 BGB steht also grundsätzlich nur dem Schuldner, nicht aber einem Dritten zu.

Enge Ausnahmen davon regeln die §§ 268 II, 1142 II, 1150, 1249 BGB zugunsten ablösungsberechtigter Dritter und § 406 BGB zugunsten des Schuldners gegenüber dem neuen Gläubiger.

Gleichartigkeit bedeutet, dass der Gegenstand der Leistung gleichartig sein muss. Regelmäßig werden Geldschulden vorliegen, bei denen der Gegenstand der Leistung jeweils Geld ist und somit Gleichartigkeit gegeben ist. Nicht gleichartig sind z.B. Geldschulden und ein Befreiungsanspruch. 220

Ein Unterschied hinsichtlich der Leistungsmodalitäten bei Gleichartigkeit des Leistungsgegenstands ist unbeachtlich. So sind z.B. Unterschiede hinsichtlich des Schuldgrundes, der Verzinsung oder des Erfüllungsortes irrelevant.

Fälligkeit und Durchsetzbarkeit der Gegenforderung bedeutet, dass die Gegenforderung vollwirksam und fällig sein muss. Das heißt, dass die Erfüllung der Gegenforderung erzwingbar sein muss und der Gegenforderung keine Einrede entgegenstehen darf, § 390 BGB. Es genügt also hinsichtlich einer Einrede das bloße Bestehen, eine Geltendmachung der Einrede ist nicht erforderlich. 221

Eine Ausnahme gilt nach § 215 BGB für die Verjährung. Die Aufrechnung ist danach auch mit einer mittlerweile verjährten Gegenforderung zulässig, wenn die Forderung bei Entstehen der Aufrechnungslage, also dem erstmaligen Gegenüberstehen, noch nicht verjährt war.

Bestehen und Erfüllbarkeit der Hauptforderung bedeutet, dass hier Wirksamkeit und Fälligkeit der Forderung nicht erforderlich ist. Das erklärt sich daraus, dass der Schuldner auch eine noch nicht fällige Forderung bereits erfüllen oder auf die Geltendmachung einer Einrede verzichten kann. Ebenso kann der Schuldner eine Naturalobligation (also z.B. eine Spiel- oder Wettschuld, auf die nach § 762 I S.1 BGB kein Anspruch des Gläubigers besteht) erfüllen. 222

Weiterhin darf **kein Aufrechnungsverbot vorliegen**. Neben der Möglichkeit einer vertraglichen Vereinbarung eines Aufrechnungsverbots werden in der Klausur vor allem die gesetzlichen Aufrechnungsverbote relevant. 223

Gesetzliche Aufrechnungsverbote sind in §§ 392 ff. BGB geregelt. Besondere Klausurrelevanz haben §§ 393 und 394 BGB.

Nach § 393 BGB kann gegen eine Forderung, die aus einer vorsätzlich (!) begangenen unerlaubten Handlung resultiert, nicht aufgerechnet werden. **§ 393 BGB betrifft** also **die Hauptforderung und richtet sich gegen den Schädiger**. 224

hemmer-Methode: § 393 BGB soll insbesondere verhindern, dass es zu einer privaten Vergeltung kommt, was ohne diese Vorschrift durch eine Aufrechnung möglich wäre. Das können Sie sich durch folgendes Beispiel klarmachen:

Der Gläubiger G hat gegen den Schuldner S eine Forderung, die aufgrund Zahlungsunfähigkeit des S uneinbringlich ist. Aus Rache schlägt G den S zusammen. S hat dann gegen G eine Schmerzensgeldforderung aus § 823 I BGB. Ohne § 393 BGB könnte nun G mit seiner Forderung gegen die Schmerzensgeldforderung des S aufrechnen. Diese Privatvergeltung will § 393 BGB verhindern.

Von § 393 BGB unberührt bleibt die Aufrechnung des Geschädigten mit einer Forderung aus einer vorsätzlich begangenen unerlaubten Handlung. Das bedeutet, dass § 393 BGB nicht eingreift, wenn die Gegen- oder Aktivforderung des Geschädigten aus einer vorsätzlich begangenen unerlaubten Handlung stammt. Wenn der aus einer unerlaubten Handlung Geschädigte (nicht der Schädiger!) aufrechnen will, steht § 393 BGB dem nicht entgegen.

hemmer-Methode: Konkurrieren hinsichtlich der Aktivforderung des Geschädigten vertragliche und deliktische Ansprüche (z.B. § 280 I BGB und § 823 I BGB), so ist § 393 BGB ebenfalls anzuwenden. Denn der Schutzzweck des § 393 BGB darf nicht dadurch umgangen werden, dass der Schädiger nur gegen die Forderung aus § 280 I BGB aufrechnet. Halten Sie sich vor Augen, dass die gerade beschriebene Anspruchsgrundlagenkonkurrenz dazu führt, dass nur ein Verfügungsgegenstand, prozessrechtlich nur ein Streitgegenstand, vorliegt. Denn der Schuldner braucht auch nur einmal zu zahlen, egal, wie viele Anspruchsgrundlagen es gibt.
Nach § 394 S.1 BGB ist eine Aufrechnung gegen eine unpfändbare Forderung verboten. 225

Wiederum ist hier die Haupt- oder Passivforderung betroffen.

Durch § 394 S.1 BGB werden die anderen gesetzlichen Pfändungsverbote, insbesondere §§ 850 ff. ZPO, ergänzt.

Zweck dieser Regelung ist es, den Schuldner davor zu schützen, dass ihm sein Existenzminimum über eine Aufrechnung entzogen wird.

Unpfändbar sind z.B. das Arbeitseinkommen bis zu einer bestimmten Höhe, §§ 850 i.V.m. 850c ZPO, Geldrenten nach §§ 843, 844 BGB wegen § 850b Nr. 1 ZPO, unabtretbare Forderungen, § 851 ZPO, oder vertraglich anerkannte Pflichtteilsansprüche, § 852 I ZPO.

Neben der gesetzlichen Ausnahme nach § 394 S. 2 BGB gibt es – aus Treu und Glauben – wenige weitere einzelfallabhängige Ausnahmen. Letztlich ist dies eine Wertungsfrage.

Anmerkung: Damit die Aufrechnung ihre Wirkung entfalten kann, bedarf es der Aufrechnungserklärung, § 388 S.1 BGB. 226

Die Aufrechnungserklärung ist eine einseitige, empfangsbedürftige Willenserklärung.

Als Gestaltungsrecht ist die Aufrechnungserklärung nach § 388 S. 2 BGB bedingungsfeindlich und daher unwiderruflich und unbedingt zu erklären. Andernfalls ist die Aufrechnungserklärung unwirksam.

Sinn und Zweck der Bedingungsfeindlichkeit ist, eine Rechtsunsicherheit für den Empfänger des Gestaltungsrechts, hier also den Aufrechnungsgegner, zu verhindern.

Anders ist dies jedoch dann, wenn die Bedingung von dem Verhalten des Aufrechnungsgegners selbst abhängt, sog. Potestativbedingung. Zwar handelt es sich dabei um eine echte Bedingung i.S.d. § 158 BGB, jedoch ist das Bedingungsverbot hier teleologisch zu reduzieren, da in diesem Fall auf Seiten des Aufrechnungsgegners keine Ungewissheit entstehen kann, da er selbst den Eintritt der Bedingung bestimmt.

Auch ist im Prozess eine Eventualaufrechnung zulässig, denn hierbei handelt es sich um eine innerprozessuale Bedingung. Durch diese innerprozessuale Bedingung wird keine für den Aufrechnungsgegner schädliche Unsicherheit geschaffen, weil der Eintritt oder der Ausfall der Bedingung noch im Prozess selber geklärt wird.

IV. Erlassvertrag, § 397 BGB

Nach § 397 I BGB **erlischt das Schuldverhältnis**, wenn der Gläubiger dem Schuldner durch Vertrag die Schuld erlässt. 227

Dieser **Erlassvertrag ist ein Verfügungsvertrag**, d.h. eine Verfügung und als solche abstrakt vom Kausalgeschäft. Das bedeutet, dass, wenn das Kausalgeschäft unwirksam ist, der Erlass trotzdem wirksam ist.

Jedoch steht dem Gläubiger in diesem Fall ein Kondiktionsanspruch gemäß § 812 I S.1 Alt.1 BGB zu. Der Inhalt dieses Kondiktionsanspruchs geht auf die vertragliche Wiederbegründung der erloschenen Forderung in gehöriger Form.

Zum wirksamen Verzicht auf eine Forderung ist der Abschluss eines Vertrages erforderlich. In diesem muss der Wille des Gläubigers auf den Verzicht der Forderung eindeutig festzustellen sein.

Dieser verfügende Vertrag ist auch konkludent möglich, wenn insoweit ein eindeutiges Verhalten vorliegt, das vom Erklärungsgegner als Aufgabe des Rechts verstanden werden kann.

hemmer-Methode: Ein Verzicht auf Rechte wie in einem Erlassvertrag ist nur anzunehmen, wenn der Gläubiger sich insoweit eindeutig verhält (sei es ausdrücklich oder konkludent).

Der **Erlass ist formfrei**, und zwar auch dann, wenn der Erlass schenkweise erfolgt oder die Begründung der Forderung formbedürftig ist.

Anmerkung: Grundsätzlich muss die Forderung bei Erlass bestehen.

Jedoch ist ein vorweggenommener (= antizipierter) Verzicht möglich. Dann entsteht die Forderung erst gar nicht.

Unbekannte Rechte werden im Zweifel vom Erlass nicht erfasst.

Der **Erlass ist insoweit unwirksam, als er unverzichtbare Ansprüche betrifft**. Unverzichtbar sind z.B. die Ansprüche aus §§ 1360a III i.V.m. 1614 I BGB; § 1614 I BGB; § 12 EFZG; § 13 BUrlG; § 4 IV TVG.

V. Aufhebungsvertrag

Der Aufhebungsvertrag ist gesetzlich nicht ausdrücklich geregelt. 228

Anmerkung: Anders als der Erlassvertrag, der nur die Forderung, d.h. das Schuldverhältnis im engeren Sinn, zum Erlöschen bringt, bringt der Aufhebungsvertrag das Schuldverhältnis im weiteren Sinn zum Erlöschen.

Der Aufhebungsvertrag bedarf nicht der Form des Begründungsvertrags.

Die Zulässigkeit eines Aufhebungsvertrags ergibt sich aus der Privatautonomie, § 311 I BGB.

Wiederum ist ein eindeutiges Verhalten der Vertragspartner zu fordern. Der Aufhebungsvertrag kann aber ausdrücklich oder konkludent erfolgen.

VI. Novation

Die Novation (= Schuldersetzung oder Schuldumwandlung) liegt vor, wenn die Parteien das alte Schuldverhältnis aufheben und zugleich durch ein neues Schuldverhältnis ersetzen. 229

hemmer-Methode: Bei der Novation wird also die Aufhebung eines Schuldverhältnisses mit der Begründung eines neuen Schuldverhältnisses verbunden.

Eine Novation darf nur bejaht werden, wenn der auf Schuldersetzung gerichtete Wille der Parteien hinreichend deutlich wird.

Anmerkung: Liegt eine Novation vor, erlischt das alte Schuldverhältnis im Ganzen und wird durch das Neue ersetzt.

VII. Konfusion

Konfusion (auch Vereinigung genannt) liegt schließlich vor, wenn Forderung und Schuld in einer Person zusammenfallen. 230

Denn dann würde der Schuldner zugleich Gläubiger ein und derselben Forderung.

Anmerkung: Da jedoch niemand sein eigener Schuldner sein kann, erlischt die Forderung beim Zusammenfallen von Schuldner- und Gläubigerstellung.

§ 10 Der Dritte im Schuldverhältnis

A. Allgemeines

Ein Schuldverhältnis bindet nur die jeweiligen Parteien, wirkt also relativ zwischen Gläubiger und Schuldner. 231

Dritter ist damit jede (natürliche oder juristische) Person, die weder Gläubiger noch Schuldner ist.

hemmer-Methode: Gerade in Klausuren ist das Auftauchen von (mehreren) Dritten sogar der Regelfall, um den Schwierigkeitsgrad der Klausur zu erhöhen. Eine Aufgabe besteht dann bereits darin zu erörtern, zwischen welchen Parteien das Schuldverhältnis besteht (und wer damit nur Dritter ist).

Dritte können beispielsweise als Vertreter i.S.d. §§ 164 ff. BGB handeln. Sie können als Bote Erklärungen für einen anderen empfangen oder entgegennehmen. Sie können weiter als Erfüllungsgehilfe, § 278 S.1 BGB, im Rahmen eines bestehenden Schuldverhältnisses für einen anderen tätig werden oder Verrichtungsgehilfe nach § 831 BGB für einen anderen sein (dazu bereits oben Rn. 7).

Hier sollen die schuldrechtlichen Besonderheiten des Auftretens eines Dritten behandelt werden, nämlich der Vertrag zugunsten Dritter und der Vertrag mit Schutzwirkung für Dritte.

B. Vertrag zugunsten Dritter, §§ 328 ff. BGB

Anmerkung: Der Vertrag zugunsten Dritter ist in §§ 328 ff. BGB geregelt. Danach können die Vertragsparteien vereinbaren, dass der Schuldner (= Versprechender) die Leistung an einen anderen als den Gläubiger (= Versprechensempfänger) erbringen muss, nämlich an einen Dritten (= Begünstigter). 232

Zu **unterscheiden** sind der **<u>echte</u> (oder berechtigende) Vertrag zugunsten Dritter** und der **<u>unechte</u> (oder ermächtigende) Vertrag zugunsten Dritter.**

Bei dem echten Vertrag zugunsten Dritter erwirbt der Dritte unmittelbar das Recht, die Leistung zu fordern, § 328 I BGB. Der Dritte hat hier also einen eigenen Anspruch gegen den Versprechenden.

Beim unechten Vertrag zugunsten Dritter hat nur der Versprechensempfänger einen eigenen Anspruch gegen den Versprechenden. Der Versprechende kann hier aber mit befreiender Wirkung an den Dritten leisten.

hemmer-Methode: Mit Blick auf diese Unterscheidung sind die Begriffe berechtigend bzw. ermächtigend aussagekräftiger als echt bzw. unecht. Denn beim echten Vertrag zugunsten Dritter hat der Dritte ein Forderungsrecht gegen den Versprechenden, ist also insoweit „berechtigt" zu fordern, während beim unechten Vertrag zugunsten Dritter der Dritte keinen Anspruch hat, jedoch der Versprechende „ermächtigt" ist, an den Dritten mit befreiender Wirkung zu leisten. Üblicher ist jedoch die Bezeichnung „echt" bzw. „unecht", so dass dem auch hier gefolgt wird.

Während der echte Vertrag zugunsten Dritter in §§ 328 ff. BGB geregelt ist, wird der unechte Vertrag zugunsten Dritter in den §§ 328 ff. BGB nur in Abgrenzung zu dem echten Vertrag zugunsten Dritter angesprochen, so in §§ 328 II, 329 und 330 BGB.

Aus dem Sinn und Zweck der Regelung und aus der systematischen Stellung der §§ 328 ff. BGB (nicht in den §§ 433 ff. BGB, sondern im allgemeinen Schuldrecht) wird deutlich, dass der Vertrag zugunsten Dritter **kein eigener Vertragstyp** ist, sondern **lediglich** als **Modifikation innerhalb des jeweiligen Vertragstyps** anzusehen ist.

Dies macht auch die amtliche Bezeichnung des Titels 3 vor § 328 BGB deutlich: „Versprechen der Leistung an einen Dritten".

Jeder schuldrechtliche Verpflichtungsvertrag kann als Vertrag zugunsten Dritter abgeschlossen werden.

Unterscheiden Sie die Rechtsbeziehungen der drei Beteiligten eines Vertrages zugunsten Dritter wie folgt: 233

⇨ Die **Rechtsbeziehung zwischen Versprechendem und Versprechensempfänger** heißt **Deckungsverhältnis** (oder Grundverhältnis). Der Name Deckungsverhältnis folgt daraus, dass der Versprechende hieraus die Deckung, also den Gegenwert für seine Leistung, erhält. Es bestimmt die zu erbringende Leistung und ist für die Rechtsbeziehung prägend (daher auch Grundverhältnis).

⇨ Die **Rechtsbeziehung zwischen Versprechensempfänger und Drittem** heißt **Valutaverhältnis** (oder Zuwendungsverhältnis). Aus dieser Rechtsbeziehung ist zu entnehmen, aus welchem Rechtsgrund der Versprechensempfänger dem Dritten etwas zuwenden will (z.B. aufgrund einer Schenkung).

⇨ Die **Rechtsbeziehung zwischen Versprechendem und Drittem** heißt **Vollzugsverhältnis** (oder Drittverhältnis). Diese Rechtsbeziehung ist kein vertragliches, wohl aber ein vertragsähnliches Vertrauensverhältnis, welches Pflichten aus § 241 II BGB begründet.

Die Bezeichnungen „Schuldner" (also Versprechender) und Gläubiger (also Versprechensempfänger) bestimmen sich also vom Deckungs- oder Grundverhältnis her.

Deckungsverhältnis und Valutaverhältnis sind unabhängig voneinander. Warum der Versprechensempfänger dem Dritten eine Leistung zuwendet, ist für den Versprechenden und seine Beziehung zum Versprechensempfänger ohne Bedeutung.

Der Versprechende bleibt auch dann zur Erbringung der Leistung an den Dritten verpflichtet, wenn kein Valutaverhältnis wirksam zustande gekommen ist.

Einwendungen aus dem Valutaverhältnis kann der Versprechende dem Dritten nicht entgegenhalten.

Hat der Dritte eine Leistung aufgrund des Vertrages zu seinen Gunsten vom Versprechendem erhalten, ohne dass sich dafür aus dem Verhältnis zwischen Drittem und Versprechensempfänger ein Rechtsgrund ergibt, so hat der bereicherungsrechtliche Ausgleich nach den §§ 812 ff. BGB zwischen dem Versprechensempfänger und dem Dritten stattzufinden.

Anmerkung: Rechtsfolge des echten Vertrags zugunsten Dritter ist, dass der Dritte direkt, also ohne Durchgangserwerb, den Leistungsanspruch gegen den Versprecher den erwirbt. Er hat jedoch nur einen Anspruch, also ein Forderungsrecht, tritt aber nicht an die Stelle des vertragsschließenden Versprechensempfängers (Unterschied zur Vertragsübernahme). 234

Für die Sekundärebene folgt daraus, dass dem Dritten bei Leistungsstörungen nicht per se sämtliche dafür vorgesehene Rechte zustehen. So kann z.B. bei mangelhafter Leistung der Dritte nicht den Rücktritt vom Kaufvertrag geltend machen. Sehr wohl steht ihm allerdings ein Nacherfüllungsanspruch zu, welcher ja nur der modifizierte Erfüllungsanspruch ist. Im Hinblick auf Ansprüche auf Schadensersatz muss im Einzelfall durch Auslegung ermittelt werden, ob nach dem Inhalt der Parteivereinbarung der Dritte auch diese geltend machen können soll.

Besondere Bedeutung in Klausuren erlangt – zusammen mit erbrechtlichen Vorschriften – die Regelung des § 331 BGB.

Dabei stellt § 331 I BGB eine Auslegungsregel dar („im Zweifel", also wenn vertraglich nichts Anderweitiges geregelt ist).

§ 331 BGB gilt für alle Verträge zugunsten Dritter, die als Zeitpunkt der Leistung den Tod des Versprechensempfängers festlegen.

Aus § 331 BGB folgt, dass durch einen Vertrag zugunsten Dritter ohne Einhaltung der sonst geltenden erbrechtlichen Formvorschriften mit dem Tode des Versprechensempfängers (= Gläubigers) dem Dritten ein Anspruch zugewandt werden kann.

hemmer-Methode: Aus diesem Spannungsverhältnis zwischen den erbrechtlichen Formvorschriften (§§ 2247, 2276 BGB) und dem dadurch auch bezweckten Schutz der Erbmasse einerseits und der in § 331 BGB auch zum Ausdruck kommenden Privatautonomie des Erblassers, der hiernach formfrei handeln darf, ergeben sich auch die Lösungsmöglichkeiten der Probleme. Entweder man betont die erbrechtliche Formenstrenge und schließt eine Umgehung dieser Formen aus oder man beruft sich auf den eindeutigen Wortlaut des § 331 BGB.

Wenn nun als Zeitpunkt der Leistung der Tod des Versprechensempfängers in dem Vertrag zugunsten Dritter vorgesehen ist, ergibt sich folgendes: *235*

⇨ Vor dem Eintritt des Todes des Versprechensempfängers gehört der Anspruch aus dem Vertrag zu dem Vermögen des Versprechensempfängers. Der Dritte hat insoweit weder ein Recht noch eine Anwartschaft.

⇨ Mit dem Eintritt des Todes erwirbt der Dritte den Anspruch gegen den Versprechenden. Auch wenn im Valutaverhältnis eine Schenkung vorliegt, ist die erbrechtliche Vorschrift des § 2301 I BGB nach h.M. unanwendbar.

Anmerkung: Zum Vertrag zugunsten Dritter vgl. Sie Hemmer/Wüst, Die 55 wichtigsten Fälle Schuldrecht AT, Fall 3.

C. Vertrag mit Schutzwirkung für Dritte

Der Vertrag mit Schutzwirkung für Dritte ist gesetzlich nicht geregelt. 236

Die **Rechtsgrundlage ist umstritten**, aber dieser **Streit** ist praktisch, d.h. hinsichtlich der Voraussetzungen und der Rechtsfolge des Vertrages mit Schutzwirkung für Dritte, **nicht relevant**. Egal welcher Ansicht man folgt, der Vertrag mit Schutzwirkung für Dritte ist jedenfalls gewohnheitsrechtlich anerkannt.

Teilweise wird der Vertrag, genauer eine ergänzende Vertragsauslegung, §§ 133, 157 BGB, als Rechtsgrundlage angesehen.

Andere nehmen eine richterliche Rechtsfortbildung über § 242 BGB als Rechtsgrundlage an.

Schließlich wird auch § 311 III BGB als Kodifizierung des Vertrags mit Schutzwirkung für Dritte angesehen. Dies ist jedoch kaum mit dem Wortlaut vereinbar, der nur von „Pflichten", nicht aber auch von Rechten spricht.

Merke: Bei dem **Vertrag mit Schutzwirkung für Dritte** entfaltet der Vertrag zwischen Schuldner und Gläubiger ausnahmsweise Drittwirkung in Bezug auf Personen, die **nicht** Vertragspartner sind, also Dritte.
Die Grundsätze des Vertrages mit Schutzwirkung für Dritte sind **nicht selbst Anspruchsgrundlage**, sondern nur die Zurechnungsbasis für einen vertraglichen Anspruch. Ein **Schuldverhältnis im Sinne des § 280 I BGB** mit vertraglichen Schutzpflichten besteht **dann nicht** nur zwischen den Vertragsparteien sondern eben **auch zu dem Dritten**. Hinzukommen muss also stets die Verletzung einer vertraglichen Schutzpflicht aus einem bestehenden Schuldverhältnis, an dem der Dritte nicht als Vertragspartner beteiligt ist. 237

Grund für die Schaffung eines solchen Rechtsinstituts sind die Schwächen des Deliktsrechts aus Sicht des Geschädigten. Denn ohne die Rechtsfigur des Vertrages mit Schutzwirkung für Dritte wäre der Dritte allein auf das Deliktsrecht angewiesen.

Dort kann zum einem – mangels Vorliegen einer Sonderverbindung zur Zeit der Schädigungshandlung – ein Verschulden des Erfüllungsgehilfen nicht nach § 278 S.1 BGB zugerechnet werden. Bei der Haftung für vermutetes Verschulden des Verrichtungsgehilfen nach § 831 BGB ist dagegen häufig eine Exkulpation nach § 831 I S.2 BGB möglich. Zudem wird bei einem Schadensersatzanspruch nach § 280 I BGB das Vertretenmüssen des Schuldners nach § 280 I S.2 BGB vermutet, so dass auch die Beweislast beim Anspruch aus § 280 I BGB – anders als im Deliktsrecht – zulasten des Schädigers geht. Schließlich wird ein reiner Vermögensschaden im Rahmen der §§ 823 ff. BGB nur ersetzt, wenn der Tatbestand einer unerlaubten Handlung erfüllt ist (Vermögen nicht als primär geschütztes Rechtsgut).

Voraussetzungen des Vertrages mit Schutzwirkung für Dritte 238

1. Leistungsnähe
2. Personenrechtlicher Einschlag/Gläubigernähe
3. Erkennbarkeit von Leistungs- und Gläubigernähe für den Schuldner
4. Schutzbedürftigkeit des Dritten

⇨ **RECHTSFOLGE:** Dem Dritten steht ein eigener vertraglicher Schadensersatzanspruch zu. Anspruchsgrundlage ist der jeweilige vertragliche Schadensersatzanspruch i.V.m. dem Vertrag mit Schutzwirkung für Dritte.

hemmer-Methode: Machen Sie sich an dieser Stelle noch einmal klar, dass der Vertrag mit Schutzwirkung für Dritte selbst – genauso wenig wie der Vertrag zugunsten Dritter – die Anspruchsgrundlage ist. Es muss zwischen Gläubiger und Schuldner ein Vertrag (bzw. ein vorvertragliches Schuldverhältnis) bestehen, in dessen Schutzbereich der Dritte über die Rechtsfigur des Vertrages mit Schutzwirkung für Dritte einbezogen wird.

I. Leistungsnähe

Merke: Leistungsnähe bedeutet, dass der Dritte mit der Leistung bestimmungsgemäß in Berührung kommt und folglich den Gefahren einer Pflichtverletzung ebenso ausgesetzt ist wie der Gläubiger selbst. 239

Hier müssen Sie den Vertragstyp im Verhältnis zwischen Gläubiger und Schuldner bestimmen.

„Leistung" in diesem Sinne ist nicht nur die Hauptleistung, sondern auch nicht-leistungsbezogene Leistungen i.S.d. § 241 II BGB. Daher ist verständlich, dass auch ein vorvertragliches Schuldverhältnis nach § 311 II BGB tauglicher Anknüpfungspunkt ist. Jedoch liegt dann nicht ein „Vertrag" mit Schutzwirkung vor, da auch das Verhältnis zwischen Gläubiger und Schuldner kein Vertrag ist, sondern dann ist richtige Anspruchsgrundlage §§ 280 I, 311 II BGB i.V.m. **den Grundsätzen** des Vertrages mit Schutzwirkung für Dritte.

Ausreichend ist nicht allein, dass der zu schützende Dritte mit der Vertragsleistung in Berührung kommt.

Vielmehr muss der Dritte **bestimmungsgemäß** mit der Leistung in Berührung kommen. Das bedeutet, dass der Dritte in einem solchen Verhältnis zur Leistung stehen muss wie es regelmäßig bei vergleichbaren Schuldverhältnissen nur der Gläubiger tut. Es kommt also auf den typischen Inhalt eines vergleichbaren Schuldverhältnisses an.

II. Personenrechtlicher Einschlag/Gläubigernähe

An dieser Stelle wird geprüft, ob ein schutzwürdiges Interesse des Gläubigers an der Einbeziehung des Dritten besteht. *240*

Merke: Die Gläubigernähe liegt vor, wenn sich objektiv ein besonderes Interesse des Gläubigers am Schutz des Dritten ermitteln lässt und der Vertrag sich dahingehend auslegen lässt, dass der Vertragsschutz in Anerkennung dieses Interesses auf den Dritten ausgedehnt werden kann.

Jedenfalls liegt Gläubigernähe bei einem sog. personenrechtlichen Einschlag vor, d.h. wenn zwischen dem Gläubiger und dem Dritten eine enge Rechtsbeziehung, z.B. familien- oder arbeitsrechtlicher Natur, besteht.

Die, angesichts der Weite des schutzwürdigen Interesses zu enge, aber immer noch gültige Formel heißt, dass Gläubigernähe vorliegt, wenn der Gläubiger für das **Wohl und Wehe** des Dritten einstehen, also Fürsorge leisten muss.

Beispiele für den personenrechtlichen Einschlag, also die Gläubigernähe nach „Wohl und Wehe" sind:

⇨ *Eltern für ihre Kinder*

⇨ *Der Arbeitgeber für den Arbeitnehmer*

hemmer-Methode: Wenn also ein Fall dieses personenrechtlichen Einschlags nach der „Wohl und Wehe"-Formel vorliegt, müssen Sie in der Klausur nicht erst das Vorliegen des objektiven Gläubigerinteresses prüfen, sondern können von dessen Vorliegen mit dem Hinweis auf den personenrechtlichen Einschlag ausgehen.
Nur in den Zweifelsfällen ohne personenrechtlichen Einschlag müssen Sie das Vorliegen des objektiven Gläubigerinteresses genauer prüfen.

III. Erkennbarkeit

An diesem Prüfungspunkt werden die Interessen des (möglicherweise haftenden) Schuldners geschützt. 241

Denn der Schuldner muss das Haftungsrisiko, dass er mit dem Abschluss des Vertrages eingeht, überschauen und kalkulieren können.

Der Schuldner haftet daher nur, wenn die Leistungsnähe, d.h. die Drittbezogenheit der Leistung, und die Gläubigernähe des Dritten für ihn objektiv erkennbar sind.

Hier sind keine zu hohen Anforderungen zu stellen. Einzelheiten wie Anzahl und Namen der Dritten müssen für den Schuldner nicht erkennbar sein.

Es genügt z.B. bei einem baulichen Gutachten die Erkennbarkeit dahingehend, dass – irgendwelche – Dritte dieses Gutachten für den Verkauf oder die Vermietung nutzen.

IV. Schutzbedürftigkeit des Dritten

Schutzbedürftig ist derjenige Dritte, der keine eigenen inhaltlich gleichwertigen Ansprüche hat, egal ob gegenüber dem Gläubiger oder gegenüber Dritten. 242

Dieser Prüfungspunkt soll gewährleisten, dass der Dritte einen ausreichenden, nicht aber einen zusätzlichen Schutz mit Blick auf seine bestehenden Ansprüche hat.

Inhaltlich gleichwertige Ansprüche des Dritten sind nur vergleichbare vertragliche oder quasi-vertragliche Ansprüche, nicht aber deliktische.

Denn deliktische Ansprüche sind vertraglichen Ansprüchen nicht gleichwertig, da sie dem Geschädigten nur einen unvollkommenen Schutz gewähren (vgl. Sie bereits die oben genannte Schwäche des Deliktsrechts).

Anmerkung: Der Vertrag mit Schutzwirkung für Dritte wird in Hemmer/Wüst, Die 55 wichtigsten Fälle Schuldrecht AT, Fall 4 behandelt.

Die Zahlen verweisen auf die Randnummern des Skripts

Die wichtigsten Fälle

FALLSAMMLUNG

DIE 55 WICHTIGSTEN FÄLLE SCHULDRECHT AT

In 55 Fällen haben wir für Sie die klassischen und aktuellen Probleme des Schuldrecht AT für Klausur und Hausarbeit systematisch aufbereitet. Profitieren Sie von unserer über 35-jährigen Unterrichtserfahrung als Repetitoren! Wir kennen das Anforderungsprofil in der Prüfung ganz genau. Denken Sie frühzeitig an den Ersteller und Korrektor und überzeugen Sie ihn durch Ihre systematische Fallbearbeitung. Durch die ständige Diskussion mit unseren Kursteilnehmern wissen wir, worauf es ankommt und gehen auf typische Problemstellungen ein. Die Fallsammlung ist einfach, verständlich und knapp gehalten. Die Einordnung bietet einen Überblick über den jeweiligen Schwerpunkt des Falles. Die Gliederung ermöglicht die exakte Einordnung der Probleme in der Lösung. Die Lösung ist Formulierungsvorschlag für Ihre Klausur. Vereinfachen Sie sich auf diese Weise das Schuldrecht AT.

- **Pflichtverletzung**
- **Schadensersatz neben/statt der Leistung**
- **Rücktritt**
- **Störung der Geschäftsgrundlage**

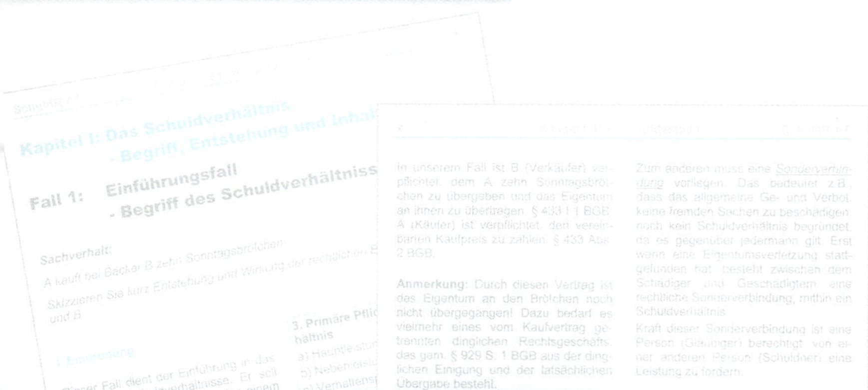

Das Erfolgsprogramm -
Ihr Training für Klausur und Hausarbeit

2013

PRODUKTLISTE

hemmer/wüst
Verlagsgesellschaft mbH
Mergentheimer Str. 44 / 97082 Würzbu
Tel.: 09 31 /7 97 82 38 / Fax: 09 31/7 97 82
Internet: www.hemmer-shop.de

REIHE INTELLIGENTES LERNEN

Grundwissen für Anfangssemester

	Anzahl		Auflage/Jahr/Euro
GW10 (111.10)	___	BGB-AT Theorieband zu den wicht. Fällen	6.A/13 · 7,80
GW11 (111.11)	___	SchuldR-AT Theorieband zu den wicht. Fällen	5.A/12 · 7,80
GW12 (111.12)	___	SchuldR-BT I Theorieband zu den wicht. Fällen	6.A/13 · 7,80
GW13 (111.13)	___	SchuldR-BT II Theoriebd. zu den wicht. Fällen	5.A/13 · 7,80
GW14 (111.14)	___	MobiliarsachenR Theoriebd. zu den wicht. Fällen	5.A/12 · 7,80
GW15 (111.15)	___	ImmobiliarsachenR Theoriebd. zu den wicht. Fällen	5.A/14 · 7,80
GW20 (112.20)	___	Strafrecht AT Theorieband zu den wicht. Fällen	5.A/13 · 7,80
GW21 (112.21)	___	Strafrecht BT Theorieband zu den wicht. Fällen	4.A/12 · 7,80
GW30 (113.30)	___	StaatsR Theorieband zu den wicht. Fällen	5.A/12 · 7,80
GW31 (113.31)	___	VerwaltungsR Theorieband zu den wicht. Fällen	6.A/14 · 7,80

Die wichtigsten Fälle

DF0 (115.20)	___	**Sonderband:** Der Streit- und Meinungsstand im neuen Schuldrecht	5.A/13 · 14,80
DF1 (115.21)	___	76 Fälle - BGB AT	7.A/13 · 12,80
DF2 (115.22)	___	55 Fälle - Schuldrecht AT	8.A/13 · 12,80
DF3 (115.23)	___	51 Fälle - Schuldrecht BT - Kauf/WerkV	7.A/12 · 12,80
DF4 (115.24)	___	42 Fälle - GoA/Bereicherungsrecht	7.A/12 · 12,80
DF5 (115.25)	___	45 Fälle - Deliktsrecht	6.A/12 · 12,80
DF6 (115.26)	___	44 Fälle - Verwaltungsrecht	7.A/12 · 12,80
DF25 (115.45)	___	30 Fälle - Verwaltungsrecht BT Bayern	3.A/13 · 12,80
DF7 (115.27)	___	32 Fälle - Staatsrecht	9.A/13 · 12,80
DF8 (115.28)	___	34 Fälle - Strafrecht AT	8.A/13 · 12,80
DF9 (115.29)	___	44 Fälle Strafrecht BT I - Vermögensd.	8.A/13 · 12,80
DF10 (115.30)	___	44 Fälle Strafrecht BT II - Nicht-Vermögensd.	7.A/12 · 12,80
DF11 (115.31)	___	50 Fälle - Sachenrecht I	7.A/13 · 12,80
DF12 (115.32)	___	43 Fälle - Sachenrecht II - ImmobiliarSR	7.A/13 · 12,80
DF13 (115.33)	___	40 Fälle - ZPO I - Erkenntnisverfahren	6.A/13 · 12,80
DF14 (115.34)	___	25 Fälle - ZPO II - Zwangsvollstreckungsverf.	5.A/12 · 12,80
DF15 (115.35)	___	35 Fälle - Handelsrecht	6.A/13 · 12,80
DF16 (115.36)	___	36 Fälle - Erbrecht	5.A/12 · 12,80
DF17 (115.37)	___	26 Fälle - Familienrecht	6.A/12 · 12,80
DF18 (115.38)	___	32 Fälle - Gesellschaftsrecht	5.A/12 · 12,80
DF19 (115.39)	___	39 Fälle - Arbeitsrecht	5.A/13 · 12,80
DF20 (115.40)	___	35 Fälle - Strafprozessrecht	4.A/12 · 12,80
DF21 (115.41)	___	23 Fälle - Europarecht	4.A/13 · 12,80
DF22 (115.42)	___	10 Fälle - Musterkl. Examen ZivilR	5.A/11 · 14,80
DF23 (115.43)	___	10 Fälle - Musterkl. Examen StrafR	5.A/11 · 14,80
DF24 (115.44)	___	8 Fälle - Musterkl. Examen SteuerR	7.A/12 · 14,80

Skripten Basics (110)

BI/1 (0011)	___	Zivilrecht I - BGB AT u.vertragl. SchuldV	9.A/12 · 15,80
BI/2 (0012)	___	Zivilrecht II - Sachenrecht/gesetzl. SV	7.A/13 · 15,80
BI/3 (0013)	___	Zivilrecht III - FamilienR/ErbR	6.A/12 · 15,80
BI/4 (0014)	___	Zivilrecht IV - ZivilprozessR	7.A/12 · 15,80
BI/5 (0015)	___	Zivilrecht V - Handels-/GesellschR	6.A/12 · 15,80
BI/6 (0016)	___	Zivilrecht VI - ArbeitsR	5.A/13 · 15,80
BII (0032)	___	Strafrecht	6.A/12 · 15,80
BIII/1 (0035)	___	Öffentliches Recht I - VerfassR/StaatsHR	5.A/12 · 15,80
BIII/2 (0036)	___	Öffentliches Recht II - VerwaltungsR	6.A/12 · 15,80
BIV (0004)	___	Steuerrecht - EstG & AO	8.A/12 · 15,80
BV (0005)	___	Europarecht	7.A/13 · 15,80

Skripten Zivilrecht (120)

	Anzahl		Auflage/Jah
1 (0001)	___	BGB-AT I, Ensteh.d.Primäranspruchs	12.A/12 ·
2 (0002)	___	BGB-AT II, Scheitern des Primäranspr.	12.A/12 ·
3 (0003)	___	BGB-AT III, Erlösch.d. Primäranspruchs	12.A/13 ·
4 (0004)	___	Schadensersatzrecht I	7.A/10 ·
5 (0005)	___	Schadensersatzrecht II	6.A/12 ·
6 (0006)	___	Schadensersatzrecht III (§§ 249 ff.)	10.A/12 ·
7 (0007)	___	Verbraucherschutzrecht	3.A/12 ·
51 (0051)	___	Schuldrecht AT	8.A/12 ·
52 (0052)	___	Schuldrecht BT I	8.A/12 ·
53 (0053)	___	Schuldrecht BT II	8.A/13 ·
8 (0008)	___	Bereicherungsrecht	13.A/12 ·
9 (0009)	___	Deliktsrecht I	11.A/11 ·
10 (0010)	___	Deliktsrecht II	9.A/13 ·
11 (0011)	___	Sachenrecht I	12.A/14 ·
12 (0012)	___	Sachenrecht II	10.A/14 ·
12A (0012A)	___	Sachenrecht III	11.A/13 ·
13 (0013)	___	Kreditsicherungsrecht	10.A/12 ·
14 (0014)	___	Familienrecht	12.A/13 ·
15 (0015)	___	Erbrecht	12.A/14 ·
16 (0016)	___	Zivilprozessrecht I	11.A/12 ·
17 (0017)	___	Zivilprozessrecht II	10.A/11 ·
18 (0018)	___	Arbeitsrecht	14.A/13 ·
19A (0019A)	___	Handelsrecht	10.A/12 ·
19B (0019B)	___	Gesellschaftsrecht	12.A/12 ·
31 (0031)	___	Herausgabeansprüche	6.A/12 ·
32 (0032)	___	Rückgriffsansprüche	7.A/13 ·

Skripten Strafrecht (120)

20 (0020)	___	Strafrecht AT I	11.A/12 ·
21 (0021)	___	Strafrecht AT II	11.A/13 ·
22 (0022)	___	Strafrecht BT I	11.A/12 ·
23 (0023)	___	Strafrecht BT II	11.A/13 ·
30 (0030)	___	Strafprozessordnung	10.A/12 ·

Skripten Öffentliches Recht (120/130)

24 (0024)	___	Verwaltungsrecht I	11.A/12 ·
25 (0025)	___	Verwaltungsrecht II	11.A/13 ·
26 (0026)	___	Verwaltungsrecht III	11.A/12 ·
27 (0027)	___	Staatsrecht I	10.A/11 ·
28 (0028)	___	Staatsrecht II	8.A/10 ·
29 (0029)	___	Europarecht	11.A/13 ·
40 (0040)	___	Staatshaftungsrecht	3.A/11 ·
33 (01.0033)	___	Baurecht/Bayern	10.A/12 ·
33 (02.0033)	___	Baurecht/Nordrhein-Westfalen	8.A/11 ·
33 (03.0033)	___	Baurecht/Baden-Württembg.	3.A/12 ·
33 (04.0033)	___	Baurecht/Hessen	1.A/09 ·
33 (06.0033)	___	Baurecht/Saarland	1.A/08 ·
34 (01.0034)	___	Polizei- u. Sicherheitsrecht/Bayern	9.A/11 ·
34 (02.0034)	___	Polizei- u. Ordnungsrecht/NRW	5.A/12 ·
34 (03.0034)	___	Polizeirecht/Baden-Württembg.	3.A/11 ·
34 (04.0034)	___	Polizei- u. Ordnungsrecht/Hessen	1.A/10 ·
34 (05.0034)	___	Polizei- u. Ordnungsrecht/Rheinl.-Pfalz	1.A/11 ·
34 (06.0034)	___	Polizei- u. Sicherheitsrecht/Saarland	1.A/09 ·
35 (01.0035)	___	Kommunalrecht/Bayern	9.A/12 ·
35 (02.0035)	___	Kommunalrecht/NRW	8.A/11 ·
35 (03.0035)	___	Kommunalrecht/Baden-Württembg.	4.A/13 ·

hemmer/wüst
Verlagsgesellschaft mbH
Mergentheimer Str. 44 / 97082 Würzburg
Tel.: 09 31 /7 97 82 38 / Fax: 09 31/7 97 82 40
Internet: www.hemmer-shop.de

IHE INTELLIGENTES LERNEN

	Anzahl		Auflage/Jahr/Euro

Lexikon/Definitionen

0044)	______	Definitionen Strafrecht - schnell gemerkt	3.A/11 · 16,80
4002)	______	Legal terms für Juristen - Fachwörterbuch Englisch - Deutsch	1.A/11 · 19,80

Skripten Schwerpunkt (120)

0039)	______	Kriminologie	6.A/13 · 19,80
0036)	______	Völkerrecht	8.A/13 · 19,80
0037)	______	Internationales Privatrecht	5.A/05 · 19,80
0055)	______	Kapitalgesellschaftsrecht	4.A/09 · 19,80
0058)	______	Rechtsgeschichte I	3.A/13 · 19,80
0059)	______	Rechtsgeschichte II	2.A/12 · 19,80
(0062)	______	Rechts- und Staatsphilosophie sowie Rechtssoziologie	2.A/11 · 19,80
(0063)	______	Insolvenzrecht	3.A/12 · 19,80
(0064)	______	Wasser- und ImmissionsschutzR	1.A/08 · 19,80

Skripten Steuerrecht (120)

042)	______	Abgabenordnung	8.A/12 · 16,80
043)	______	Einkommensteuerrecht	7.A/11 · 21,80

Skripten für BWL´er, WiWi & Steuerberater

18.01)	______	PrivatR f. BWL'er, WiWi & Steuerberat	7.A/11 · 14,80
18.02)	______	Ö-Recht f. BWL'er, WiWi & Steuerberat	4.A/12 · 14,80
18.03)	______	Musterklausuren für´s Vordiplom PrivatR	2.A/04 · 14,80
18.04)	______	Musterklausuren für´s Vordiplom Ö-R	1.A/00 · 14,80
(118.01)	______	Die 74 wicht. Fälle (BGB AT, SchuldR AT/BT)	4.A/13 · 14,80
(118.02)	______	Die 44 wicht. Fälle (GoA, BerR, GesR, ...)	2.A/13 · 14,80

Skripten Fachbegriffe & Erläuterungen

8.10)	______	Mikroökonomie & Makroökonomie	1.A/12 · 19,80
8.11)	______	Buchführung/Jahresabschl./Rechnungsw.	1.A/12 · 19,80
8.15)	______	HandelsR/GesellschaftsR/WirtschaftsR	1.A/12 · 19,80
8.16)	______	Öffentl. Recht/EuropaR/VölkerR	1.A/12 · 19,80

Basics Karteikarten

(2001)	______	Basics - Zivilrecht	5.A/10 · 13,80
(2002)	______	Basics - Strafrecht	3.A/09 · 13,80
(2003)	______	Basics - Öffentliches Recht	3.A/07 · 13,80

Karteikarten Zivilrecht

(2201)	______	BGB-AT I	8.A/13 · 15,80
(2202)	______	BGB-AT II	6.A/11 · 15,80
(22031)	______	Schuldrecht AT I	8.A/12 · 15,80
(22032)	______	Schuldrecht AT II	7.A/14 · 15,80
(2240)	______	Schuldrecht BT I (Kauf-u.WerkVR)	7.A/13 · 15,80
(2241)	______	Schuldrecht BT II	6.A/13 · 15,80
(2218)	______	Arbeitsrecht	4.A/13 · 15,80
(2208)	______	Bereicherungsrecht	6.A/12 · 15,80
(2209)	______	Deliktsrecht	5.A/11 · 15,80
(2211)	______	Sachenrecht I	7.A/12 · 15,80
(2212)	______	Sachenrecht II	7.A/13 · 15,80
(2213)	______	Kreditsicherungsrecht	3.A/10 · 15,80
(2214)	______	Familienrecht	3.A/08 · 15,80
(2215)	______	Erbrecht	4.A/13 · 15,80
(2216)	______	ZPO I	6.A/13 · 15,80
(2217)	______	ZPO II	5.A/12 · 15,80
(22191)	______	Handelsrecht	4.A/11 · 15,80
(22192)	______	Gesellschaftsrecht	5.A/11 · 15,80

	Anzahl		Auflage/Jahr/Euro

Die Shorties (Minikarteikarten) inkl. Box

SH1 (50.10)	______	**Box 1:** BGB AT, Schuldrecht AT	7.A/13 · 21,80
SH2/I (50.21)	______	**Box 2/1:** vertragliches Schuldrecht	4.A/11 · 21,80
SH2/II (50.22)	______	**Box 2/2:** gesetzliches Schuldrecht	4.A/11 · 21,80
SH3 (50.30)	______	**Box 3:** Sachenrecht, ErbR, FamR	6.A/13 · 21,80
SH4 (50.40)	______	**Box 4:** ZPO I/II, GesellschaftsR, HGB	5.A/12 · 21,80
SH5 (50.50)	______	**Box 5:** Strafrecht	7.A/13 · 21,80
SH6 (50.60)	______	**Box 6:** Grundrecht, StaatsOrgR, BauR, ...	6.A/13 · 21,80

Karteikarten Strafrecht

KK20 (2220)	______	Strafrecht AT I	7.A/12 · 15,80
KK21 (2221)	______	Strafrecht-AT II	7.A/12 · 15,80
KK22 (2222)	______	Strafrecht-BT I	7.A/12 · 15,80
KK23 (2223)	______	Strafrecht-BT II	7.A/13 · 15,80
KK24 (2230)	______	StPO	5.A/12 · 15,80

Karteikarten Öffentliches Recht

KK25 (2224)	______	Verwaltungsrecht I	7.A/12 · 15,80
KK26 (2225)	______	Verwaltungsrecht II	5.A/12 · 15,80
KK27 (2226)	______	Verwaltungsrecht III	5.A/11 · 15,80
KK28 (2227)	______	Staats- u. Verfassungsrecht	8.A/12 · 15,80
KK29 (2229)	______	Europarecht	3.A/12 · 15,80

Überblickskarteikarten

ÜK I (2501)	______	BGB im Überblick I	10.A/13 · 30,00
ÜK II (25011)	______	BGB im Überblick II (Nebengebiete)	6.A/11 · 30,00
ÜK III (2502)	______	StrafR im Überblick	7.A/13 · 30,00
ÜK IV (2503)	______	Öffentl.-R im Überblick	8.A/12 · 16,80
ÜK V (25031)	______	Öffentl.-R im Überblick II Bayern	6.A/11 · 16,80
ÜK VI (25032)	______	Öffentl.-R im Überblick II NRW	2.A/08 · 16,80
ÜK VII (2504)	______	Europarecht	5.A/13 · 16,80

Assessor-Basics/Theoriebände (410)

A IV (0004)	______	Die zivilrechtl. Anwaltsklausur/Teil 1	10.A/13 · 18,60
A VII (0007)	______	Das Zivilurteil	10.A/13 · 18,60
A VIII (0008)	______	Die Strafrechtskl. im Assessorexamen	6.A/11 · 18,60
A IX (0009)	______	Die Assessorklausur Öffentl. Recht	5.A/12 · 18,60

Assessor-Basics/Klausurentraining

A I (0001)	______	Zivilurteile	15.A/12 · 18,60
A II (0003)	______	Arbeitsrecht	13.A/12 · 18,60
A III (0002)	______	Strafrecht	11.A/13 · 18,60
A V (0005)	______	Zivilrechtl. Anwaltsklausuren/Teil 2	10.A/13 · 18,60
A VI (0006)	______	Öff.rechtl. u. strafrechtl.Anwaltskl.	5.A/10 · 18,60

Assessorkarteikarten

AK I (41.10)	______	Zivilprozessrecht im Überblick	5.A/12 · 19,80
AK II (41.20)	______	Strafprozessrecht im Überblick	6.A/12 · 19,80
AK III (41.30)	______	Öffentliches Recht im Überblick	4.A/12 · 19,80
AK IV (41.40)	______	Familien- und Erbrecht im Überblick	2.A/13 · 19,80

hemmer/wüst
Verlagsgesellschaft mbH

Mergentheimer Str. 44 / 97082 Würzbu
Tel.: 09 31 /7 97 82 38 / Fax: 09 31/7 97 82

Internet: www.hemmer-shop.de

REIHE INTELLIGENTES LERNEN

Sonderartikel

Euro

Lernkarteikartenbox (28.01)

LB ______	Die praktische Lernbox für die Karteikarten	1,99
KL 1 ______	**Orig. Klausurenblock** Din A4, 100 Blatt einzeln	1,95
S 810 ______	Din A4, 100 Blatt 10er Pack	17,50
S1 ______	**Der Referendar (70.01)** 1. Aufl. 2003 Meine größten Rein-) Fälle (Format A6)	9,80
S2 ______	**Der Rechtsanwalt (70.02)** 1. Aufl. 2006 24 Monate zwischen Genie und Wahnsinn (Format A6)	9,80
S3 ______	**Der Jurist (70.03)** 1. Aufl. November 2009 Ein Lehrbuch für Leader (Format A6)	9,80
S5 ______	**Coach dich! (70.05)** Psychologischer Ratgeber, 1. Auflage, 2004	19,80
S6 ______	**Lebendiges Reden (70.06)** Psychologischer Ratgeber inkl. Audio-CD, 2. Auflage, 2008	21,80
S7 ______	**NLP für Einsteiger (71.01)** Psychologischer Ratgeber, 12. neugestaltete Auflage, 2008	12,80
S8 ______	**Prüfungen als Herausforderung (70.08)** Psychologischer Ratgeber, 1. Auflage 2011	14,80
______	**Wiederholungsmappe (75.01)** Intelligentes Lernen inkl. Übungsbuch, Mind Mapps und Kurzskript	9,90
______	**Ordner hemmer.group (88.20)** Ringbuchmappe für Einlagen, DIN A4	2,50
(100.201) ___	**AudioCards auf CD: BGB AT I - III** Das Frage-Antwort-System der hemmer-Skripten zum Hören	59,95
(71.50) ___	**Die wahren Paradiese - 15 traumhafte Gärten** Gebunden (Hardcover) mit Schutzumschlag, 208 Seiten 1. Auflage 2013	39,80

NEUERSCHEINUNG

AnwaltsBasics Mietrecht

1. Auflage, November 2013 39,90

Autorin: Dagmar Schmidl, Herausgeber: hemmerVerlag für Anwälte GmbH

Das AnwaltsBasics Mietrecht bietet jungen Rechtsanwälten einen kompakten Überblick über die komplexe Materie des Mietrechts. Ausgehend von konkreten mietrechtlichen Standardthemen wird das Rechtsgebiet praxisorientiert vermittelt. Im Vordergrund steht das Wohnraummietrecht, auf das sich i.d.R. die mietrechtlichen Mandate überwiegend erstrecken. Hier werden insbesondere die für den anwaltlichen Berater wichtigen Bereiche wie die Betriebskostenabrechnung, die Mieterhöhung, die Mietminderung, die Schönheitsreparaturen und die Kündigung ausführlich dargestellt. Besonderheiten bei Sozialwohnungen, in den neuen Bundesländern und bei der Gewerberaummiete präsentieren eigene Kapitel. Der Leser erhält auch allgemeine Tipps zur Mandatsbearbeitung und zur Abrechnungspraxis in mietrechtlichen Streitigkeiten gerichtlicher wie außergerichtlicher Art. Formulierungsvorschläge, Beispiele, Checklisten und v.a. Muster runden die Darstellung ab und sollen die Umsetzung mittels konkreter Arbeitshilfen erleichtern. Die jüngste Reform des Mietrechts durch das Mietrechtsänderungsgesetz, das zum 1. Mai 2013 in Kraft trat, ist ebenso wie die Regelungen zum Contracting durch die Wärmelieferverordnung zum 1. Juli 2013 berücksichtigt.

www.hemmer-shop.de

Life&Law

E

________	Einzelheft der Life&LAW	6
AboLL ____	Abonnement der Life&LAW Life&Law 3 Monate kostenfrei, danach erhalten Sie die Life&Law zum Preis von	5
LLJ ______	Life&LAW Jahrgangsband 1999 - 2011	
________	bitte Jahrgang eintragen	je 50
LLJ12 ____	Life&LAW Jahrgangsband 2012	80
LLE ______	Einband für Life&LAW Jahrgang	je 6

Die AnwaltsBasics

Herausgeber: hemmerVerlag für Anwälte GmbH

10.10____Die AnwaltsBasics Erbrecht
1. Auflage, November 2010, 429 S. 39

10.30____Die AnwaltsBasics Mietrecht
1. Auflage, November 2013, 401 S. 39

10.20____Die AnwaltsBasics Mediation
erweiterte 2. Auflage, November 2013, 237 S. 23

Wir berechnen pro Lieferung einen Versandkostenanteil von 3,30 EURO. Ab 30 EURO ist die Lieferung versandkostenfrei.

Endsumme:

Lieferung erfolgt in aktueller Auflage

Kundennummer D

Prüfen Sie in Ruhe zuhause!
Alle Produkte dürfen innerhalb von 14 Tagen an den Verlag (Origina zustand) zurückgeschickt werden. Es wird ein uneingeschränkte gesetzliches Rückgaberecht gewährt. Hinweis: Der Besteller trägt b einem Bestellwert bis 40 Euro die Kosten der Rücksendung. Über 4 Euro Bestellwert trägt er ebenfalls die Kosten, wenn zum Zeitpunkt d Rückgabe noch keine (An-) Zahlung geleistet wurde.

Ich weiß, dass meine Bestellung nur erledigt wird, wenn ich in Höhe mein Bestellungs-Gesamtsumme zzgl. des Versandkostenanteils zum Einzu ermächtige. Bestellungen auf Rechnung können leider nicht erledi werden. Bei fehlerhaften Angaben oder einer Rücklastschrift wird ein Unkostenpauschale in Höhe von 8 Euro fällig. Die Lieferung erfolgt unt Eigentumsvorbehalt.

Name: ______________________

Vorname: ______________________

Straße, Nr.: ______________________

PLZ/Ort: ______________________

Telefon: ______________________

e-mail Adresse: ______________________

Buchen Sie die Endsumme von meinem Konto ab:

Kreditinstitut: ______________________

BLZ: ______________________

Konto-Nr.: ______________________

Ort, Datum: ______________________

Unterschrift: ______________________